SEVGİLİ OKURLAR...

Gazeteci Ali BEKTAN'ın yıllar süren bu araştırmasını sizlere ulaştırarak, Türkiye'de bir ilke daha imza atıyoruz...

SINIR ÖTESİ
Yayın hayatında emin adımlarla ilerliyor...

ATATÜRK'ü şimdiye kadar üstünde durulmamış çok farklı bir yönüyle sizlere tanıtan bu kitabı SINIR ÖTESİ YAYINLARI'ndan çıkartmanın onurunu, içimizde taşıyoruz...

O büyük insanın geleceği görmedeki eşsiz yeteneğini gözler önüne seren bu kitabın hazırlanması, tam 18 yıl sürmüştür. Cumhuriyetimiz'in 75. yılında yayınladığımız bu araştırma, ATATÜRK'ü gelecek nesillere tanıtmada önemli bir rol üstlenecektir.

"Bir yolcunun yolda yürüyebilmesi için, ufku görmesi yeterli değildir. Ufkun ötesini de görmesi gerekir" diyen ATATÜRK'ün değerini belki de gelecekte çok daha iyi anlayacağız...

O büyük vazifeliyi saygıyla anıyoruz...

SINIR ÖTESİ YAYINLARI'nda her zaman; özgün, sınır tanımayan, çok sesli, küresel bir anlayışla hazırlanan kitaplar bulacaksınız... Araştırmaya, düşünmeye, incelemeye ihtiyaç duyan ve basmakalıp bilgileri yeterli görmeyen okurlarımıza yeni bir boyut, yeni bir pencere açılıyor...

Işık ve Sevgiyle...
SINIR ÖTESİ YAYINLARI

ATATÜRK'ÜN KEHANETLERİ

ALİ BEKTAN

ATATÜRK'ÜN KEHANETLERİ

ALİ BEKTAN

© Bu kitabın tüm yayın hakları SINIR ÖTESİ YAYINLARI'na aittir.

SINIR ÖTESİ YAYINLARI
REKLAM VE PRODÜKSİYON HİZ.
SAN. TİC. LTD. ŞTİ.

P.K. 41 80691 Beşiktaş - İSTANBUL
Tel. & Fax 0 (212) 278 13 57
Cep Tel: 0 (532) 492 78 78

ISBN: 975-8312-04-9

- Dizgi : SINIR ÖTESİ YAYINLARI
- Redaksiyon : Ergun CANDAN
- Kapak Tasarım : Erkan ERASLAN
- Renk Ayrımı : SENKRON GRAFİK 0 (212) 212 49 34
- Montaj & Kapak & İç Baskı : KİTAP MATBAACILIK
  San.ve Tic.Ltd.Şti. 0 (212) 567 48 84
- Cild : FATİH MÜCELLİT 0 (212) 612 86 71

1.Baskı Aralık 1998, 5.Baskı Ekim 2001

TEŞEKKÜR

Mustafa Kemal ATATÜRK'ün parapsikolojik güçlerinin anlatıldığı kitabımın basılmasında bana yardımcı olan, başta Halkla İlişkiler Uzmanı sevgili arkadaşım Reyhan Kalkancı'ya,
Değerli ağabeylerim Zeki Triko'nun sahibi Zeki Başeskioğlu ile Bisse Gömlekleri'nin sahibi İbrahim Kefeli'ye teşekkür ederim.
Ayrıca Pera Palas Oteli'nin sahibi Hasan Süzer'le beraber tüm çalışan dostlarıma kitabıma verdikleri destek nedeniyle teşekkürlerimi bildiririm.

Ali BEKTAN

Neden böyle bir araştırma...

Lise yıllarında başlayan bu fikir, yıllar sonra, uzun araştırmalarımın sonucunda gerçeklik kazandı...

Türkiye Cumhuriyeti'ni büyük bir savaş sonrasında kuran Mustafa Kemal ATATÜRK'ün sahibi olduğu Parapsikolojik güçlerin neler olduğunu, bu kitabımda anlatmaya çalıştım.

Askeri dehasının yanında, bu gücünü de kullanan büyük lider, bir ulusu düşmandan kurtarırken, ortaya yepyeni bir Devlet çıkartıyordu...

Bu kitabı ben O'nun "Geleceği Görebilme Yeteneği"nin varolduğunu düşünerek yazdım... O bakış açısından yola çıktım... Bu konuda yeterli kanıtların bulunduğu kanatindeyim...

Okuduktan sonra kabul edip etmemek size kalmıştır... Ama ben ileri sürdüğüm tezimin doğruluğunu sonuna kadar savunuyorum...

Ali BEKTAN, Gazeteci
Aralık 1998
İstanbul

İÇİNDEKİLER

Sunuş 11
Önsöz 13

GİRİŞ 19

Kahinler ve Falcılar 25
Mantık Sınırlarının Ötesinde 29
Modern casusluğun yeni silahı: Parapsikoloji 35
Atatürk geleceği görüyor muydu? 38

I. BÖLÜM
TARİHTEKİ AKIL ALMAZ YETENEKLER 41
ÜNLÜ KAHİNLER

Gelecekten haber almak uykuda da olabilir 43
Rüya, uyku, trans ve Edgar Cayce 47
Bilimadamlarınca gerçekleştirilen inanılmaz deneyler 49
Michel Nostradamus ve kehanetleri 55
Kahine Jeane Dixon ve kehanetleri 62
Wolf Messing ve kehanetleri 63
Sovyet Rusya Ruhu Arıyor 65
Muhiddin Arabi 65

II. BÖLÜM
ATATÜRK'ÜN
KURTULUŞ SAVAŞI'NDAN ÖNCEKİ KEHANETLERİ 67

Osman Nizami Paşa'nın Mustafa Kemal'e söylediği kehanet 71
Bir bedevinin yıllar önce Atatürk ile ilgili kehaneti 72
Esrarengiz Hintli Mihrace'nin sırrı hala çözülemedi 73
Mustafa Kemal'in Bulgar Ivan Manelof'a söylediği kehaneti 74
Mustafa Kemal'in arkadaşlarına söylediği kehanetleri 75
Mustafa Kemal'in Suriye'deki kehaneti 78

Mustafa Kemal'in Osmanlı Hükümeti'ne söylediği kehaneti 78
Harbiye Nazırı olarak hükümete girmek istemesinin sebebi 79
Kime ne söylemesi gerektiğini gayet iyi biliyordu 80
Yıllar önce Mustafa Kemal'in çizdiği harita 81
İnönü için söylediği kehaneti 83
Cemal Paşa hakkındaki kehaneti 84
Gelecekte yapacağı devrimleri çok öncelen söylemişti 85
Mustafa Kemal önceden uyarmıştı ama... 85
İttihat ve Terakki yöneticilerini de uyarmıştı 87
Behiç Erkin'e yazdığı mektup 89
Sorun çıkmadan önce çıkacak sorunu ve çözümünü söylüyordu 89
Osmanlı'nın işgal edileceğini son ana kadar anlatmaya çalıştı 91
Masonlarla hiç bir zaman anlaşamamıştı 93
Düşman donanması ile ilgili kehaneti 94
Hz. Muhammed ve telepati 96
"Sağ elimi Mustafa Kemal'e uzattım..." 97

III. BÖLÜM
ATATÜRK'ÜN
KURTULUŞ SAVAŞI SIRASINDAKİ KEHANETLERİ 99

Hacı Bektaşi Veli'yi ziyaretindeki gizli görüşmesi 99
Düşmanın zihnini okuyordu 101
Parapsikolojik gücü sayesinde Kafkas Cephesindeki başarısı 103
İstihbarat şubesi yanılıyor 104
Yunanlılar'ın savaş planlarını biliyordu 105
Mustafa Sagir'in casus olduğunu ilk konuşmada bilmesi 106
Süikastçının kendisi için geldiğini farketmişti 106
Gözle görülmeyen yerleri bilmesi 107
Yıllar önce İkinci İnönü Savaşı'nın kazanılacağını biliyordu 107
Zafer'den çok önce, sonrasıyla ilgili bildirdiği kehanetleri 109
Sözlerinin hepsi gerçekleşen kehanetlerle doluydu 111

Savaş alanındaki kehanetleri 113
Zaferi önceden bildiriyor 114
Derne'den yazdğı mektup 116
Bu kehanetine düşman güçleri de inanmamıştı 117
Yeşil Ordu ile ilgili kehaneti 119
Savaşın içinde Maarif Kongresi!... 120
Halide Edip Adıvar'a söyledikleri 121

IV. BÖLÜM
ATATÜRK'ÜN
KURTULUŞ SAVAŞI'NDAN SONRAKİ KEHANETLERİ 125

Diğer sömürge ulusların geleceklerini de biliyordu 125
Halide Edip Adıvar'a söylediği endişesi 127
İzmir'de İngiliz Donanması için hazırlattığı nota 128
Başkent Ankara 129
Radyo ve televizyon hakkındaki kehaneti 131
Cumhuriyet Gazetesi'ne yapılan saldırı vetelepatik algılayışı 131
8. Edward ile Madam Simpson'un hakkındaki kehaneti 133
II. Dünya Savaşı ve Avrupadaki siyasal değişimler 133
İtalyanlar'ın Habeşiştan'a saldıracağı hakkındeki kehaneti 137
Romanya için söylediği kehanet 139
İznik kapıları ile ilgili kehaneti 140
Orman Çiftliği'nin kuruluşu 141
Kral Edward'a tavsiyesi 141
Rusyanın geleceği 142
Celal Bayar ile ilgili kehaneti 145
Kafasının içi sarıklı olanlar 146
Avrupa Birliği'nin kurulacağını çok önceden biliyordu 147
Ortadoğu sorununu da yıllar öncesinden görmüştü 149
Yıllar sonra çıkan kehaneti ve Montrö anlaşması 150
Türk Tarih Kurultayı'ndaki iddiası 152

"Bunlar bir gün olacaktır. Görürsünüz, işitirsiniz..." 153
Fransız Genel Kurmay Başkanı hakkındaki kehaneti 151
54

V. BÖLÜM
AÇIKLANAMAYAN GARİP OLAYLAR 157

Atatürk'ün garip bir şekilde atlattığı ölüm tehlikeleri 157
Efsunlu Kemal 159
Hayatını kurtaran mucizevi saat 161
Hala cevaplanamayan Çanakkale'deki büyük sır 162
Mustafa Kemal neden o uçağa binmek istemedi?... 165
Uçaklarla ilgili kehaneti 166
Yaşamındaki 9 rakkamının sırrı neydi? 166
Uzmanların açıklamaları 168
Atatürk'ün Haberci Rüyaları 169
Annesinin ölümüyle ilgili gördüğü rüya 169
Salih Bozok'un intihar edeceğini rüyasında gördü 170
Atatürk'ün gördüğü son rüya 171

SON SÖZ 173

O'nun gücü içinde gizliydi 174
Şu talihsizliğe bakın 174
Ufkun Ötesi... 175

Yararlanılan Kaynaklar 177

Sınır Ötesi Yayınları'ndan çıkan ve hazırlanmakta olan kitaplar 179

SUNUŞ

> *Bir yolcunun*
> *yolda yürüyebilmesi için*
> *ufku görmesi yeterli değildir.*
> *Ufkun ötesini de görmesi gerekir..."*
>
> **Mustafa Kemal Atatürk**

Sıradışı olaylar, eğer Atatürk'ün hayatında bir yada iki defa olsaydı, bunları tesadüf, iyi bir tahmin, ileri görüşlülük ya da benzer bir mantıki açıklamayla yorumlamak mümkün olabilirdi. Gerçekten de böyle olsaydı, bu kitabı herhalde yazar da kaleme almaya gerek görmeyecekti...

Ancak, kaleme alınan bu kitabın baştan aşağı işlenen konusu ve ortaya konulan kanıtlar bir arada değerlendirildiğinde, işin içindeki mucize daha net ortaya çıkmaktadır.

Bu kitabın yayınlanmasıyla birlikte, bazı kişilerin ortaya çıkarak: "Vay efendim, siz Atatürk'e falcı mı diyorsunuz? O'na nasıl kahin sıfatını yakıştırırsınız?!..." diyeceklerini duyar gibi oluyoruz. Kitabın hemen başında altını çizerek söylemeliyiz ki, kitabın yazarı ilerleyen sayfalarda, "falcılık" ile

"ATATÜRK'ÜN KEHANETLERİ"

"kahinlik" fenomenlerini gayet güzel ikiye ayırarak izah etmiştir. Az sonra da görüleceği gibi "falcılık" başka bir şeydir. Gelecekte ortaya çıkacak olan bir olayı önceden söylemek yani "kehanet"de bulunmak farklı bir şeydir. İkincisi yani "kehanet"de bulumak, tamamen insanlarda bulunan fakat herkesde ortaya çıkmamış olan "Duyular Dışı Algılamalar" ile yani Parapsikoloji ile ilgili bir meseledir. Yazar bu meseleyi kitabında **"Üstün Sezme Gücü"** olarak dile getirmiştir. Bu bir...

İkincisi... Atatürk'ün olağanüstü bir insan olduğunu vurgulamamızdan ve bu vesileyle onu daha da yücelttiğimizden sıkıntı duyacak olan bazı çevrelerin eleştirilerini de hiç mi hiç kaale almayacağımızı peşinen bildirmek istiyoruz.

Çünkü her geçen gün O'nun değerinin çok daha iyi anlaşılacağına inanıyoruz...

Çünkü O, gerçek anlamda sıradışı bir insandı...

1998'in Nisan Ayı'nda kurulan SINIR ÖTESİ YAYINLARI Atatürk Devrimleri'ne, İlke ve Düşünceleri'ne sonuna kadar saygılı ve bağlı olan bir kuruluştur.

Atatürk'ün evrensel kişiliğinin önünde bir kez daha saygıyla eğiliyoruz... Eminiz ki yayınlanan bu kitaptan kendisinin de haberi olmuştur...

Ergun Candan
SINIR ÖTESİ YAYINLARI
Genel Yayın Yönetmeni

ÖNSÖZ

Türkiye Cumhuriyeti'ni eski bir imparatorluğun yıkılmış kalıntıları üzerine, nekadar büyük savaşlar yaparak kuran Mustafa Kemal Atatürk'ün olağanüstü gücünü, bu kitapta okuyacaksınız...

Yıllar önce Lise 3'de okutulan *"Milli Güvenlik"* dersi vardı. Bu dersin kitabında Atatürk Amerikalı General Mac Arthur'un (II. Dünya Savaşında çok ünlü olacaktı) kendisini ziyarete geldiği yazıyordu. Bu görüşmede Atatürk 1932 yılında şöyle diyordu: *"Almanlar kendilerini siyasi bir akıma kaptırırlarsa 1940-1945 yılları arasında savaşırlar. Bu savaş çok kanlı olur, ancak Amerika müdehale ederse biter."* Bir de ekliyordu: *"Bu savaşın galibi ise Rusya yani Bolşevikler olacaktır."*

Bu sözlerin hepsi birer kehanet niteliği taşımaktadır. Çünkü Almanya'da iktidara Naziler ve Liderleri Adolf Hitler gelmemişti. Atatürk'ün sözlerine Avrupa'da inanan bir yönetici, bir politikacı ya da herhangi bir insan bulamazdınız. Çünkü Avrupalılar, I. Dünya Savaşı gibi kanlı bir savaşın hatıralarını ve izlerini çok canlı olarak yaşıyorlardı.

Son zamanlara kadar Avrupa'da barışın süreceğine inanan bir çok ülkenin Başbakanı yada Cumhurbaşkanı ikinci bir kanlı savaşın başlayacağına inanmıyordu. Ancak bir tek Ata-

"ATATÜRK'ÜN KEHANETLERİ"

türk onlar gibi düşünmüyor ve bu düşüncelerini de çevresindekilerle paylaşıyordu...

Acaba Atatürk gerçekten geleceği bilme yeteneğine sahip miydi?... Bunu düşünerek yola çıktım... Sonuçta inanılmaz bilgiler ve belgeler ortaya çıktı.

Bu gün bilim dünyasının da kabul ettiği Parapsikoloji'ye göre bazı insanlarda olağanüstü güçler vardır. O güçlere sahip olan insanlar akıl almaz olaylar başarırlar. Atatürk de bu güçlere sahip olan liderlerden bir tanesiydi. Kurtuluş Savaşı boyunca hata yapmayan tek liderdir, çünkü gücünü kullanmasını bilmiştir.

O Türkiye Cumhuriyeti'ni kuracağını, daha Padişah II. Abdülhamit zamanında ileri sürmüştür. Benim tüylerimi diken diken eden en büyük kehaneti ise, 1907 Yılında çizdiği bu günkü Türkiye Haritası'dır.

1907 yılında çizdiği Türkiye haritası ya da Türkiye Cumhuriyet'inin temelini oluşturan Misak-ı Milli Haritası... Bu günkü Türkiye Cumhuriyeti'nin sınırlarını gösteren bu haritada küçük bir değişiklik vardır. O da Musul ve Kerkük'ün bu haritaya dahil edilmiş olmasıdır. Musul ve Kerkük Lozan Konferansında büyük tartışmalara neden olmuş; İngilizler'in çok fazla bastırması üzerine, Türkiye oradan vazgeçmek zorunda kalmıştı.

Çünkü Atatürk, savaştan yeni çıkmış bir halkı, yeniden sıkıntılı günlerle karşı karşıya getirmek istemiyordu. Parapsikolojik güçleri sayesinde Ortadoğu'daki siyasal sorunların, karışıklıkların yıllarca süreceğini biliyordu. Sonraki yıllarda Irak'tan gelen heyetler Türkiye ile birleşmekten bahsetmişlerdi ama İngilizler'in yarattığı problemlerin Türkiye Cumhuriyeti'nin başına dertler açacağını görüyordu.

Yerinde ve zamanında aldığı inanılmaz ön görülü kararlarla yolunda emin adımlarla ilerlemeye devam etti...

Bu kitapta onun ne kadar büyük sıkıntılar ve yokluklar içe-

"ÖNSÖZ"

risinde inanılmaz zannedilen işlerin gerçekleştirildiğini bir başka açıdan okuyarak değerlendireceksiniz...

Tek kelimeyle özetlemek gerekirse: O'nun hayatının her anının mucizelerle dolu olduğunu söyleyebilirim... Bunu az sonra sizler de göreceksiniz...

"Kurtuluş Savaşı"nı yaparken, O tek bir şeye inanıyordu: **"Ben bu savaşı kazanacağım..."** Hatta o kadar inanıyordu ki, savaşın kazanılacağı henüz görünürde kesinleşmediği Sakarya Savaşı'nın o kritik - kızgın günlerinde, Ankara'da Maarif Kongresi topluyordu... O'nun kafasında savaş çoktan kazanılmış; geleceğin günlerine hazırlık başlamıştı bile...

Böyle bir liderle dünya daha sonra hiç karşılaşmadı...

Türkiye'yi I. Dünya Savaşı'nda yenmek için Çanakkale'ye bir büyük donanma ve yaklaşık 500 bin askerle gelen İngiliz ve Fransızlar, aslında 1000 yıl sonra yeni bir Haçlı zihniyetiyle yola çıkmışlardı... Anadolu'ya yüzyıllar önce gelen Haçlılar gibi gelen Avrupalılar'ın hesap edemedikleri ve bilmedikleri bir Subay vardı. Onun adı Mustafa Kemal'di ve Geleceği Önceden bilebilme yeteneğine sahipti... Çanakkale Cephe Komutanı Cevat Paşa'ya ve Kurmaylarına İngiliz ve Fransızlar'ın saldıracakları noktayı iki ay önceden bildirmiş fakat inandıramamıştı. Buna karşılık kendisi tedbirlerini aldı ve yenilgiyi zafere dönüştürdü. Yoksa bir kaç gün içerisinde İstanbul işgal edilmiş olacaktı... Avrupalılar ancak 3.5 yıl sonra İstanbul'a girebildiler.

Atatürk ne kahindir, ne de evliya... Böyle bir iddiam yok. Ama onun bir takım güçlerinin olduğu da kesindir. Tıpkı Peygamberimiz Hazreti Muhammed'in karşısına gelerek, elindeki taşların sayısını soran Ebu Cehil'e peygamberin verdiği cevapda olduğu gibi... Hazreti Muhammed Ebu Cehil'in elinde sakladığı taşların adedini doğru olarak yanıtladıktan sonra: *"Bu*

"ATATÜRK'ÜN KEHANETLERİ"

bir ilimdir..." demesi dikkat çekicidir.

Böyle bir ilim varsa ki varolduğu Parapsikoloji bilimince ispatlanmıştır, neden Mustafa Kemal Atatürk de bu ilime sahip olmasın... Çünkü tüm kanıtlar bunu gösteriyor...

Atatürk'ün geleceği bilmesini yakın arkadaşları onun ileri görüşlülüğüne bağlamışlardır. Ama söyledikleri ileri görüşlülüğün çok daha ötelerine geçmiştir. Atatürk yakın gelecekteki olayların haricinde, 1930'lu yıllardan 1990'ları ve hatta 2000'leri dahi görebilmiştir...

Kitabın ilerleyen sayfalarında görüleceği gibi bugün yeni yeni konuşulmaya başlanan Balkan Birliği'nin kurulmasından Atatürk yıllar önce bahsediyor... Avrupalı politikacıların gündemlerinde Avrupa Birliği yokken O Avrupa Birliği'nden söz ediyor... Ortadoğu'daki sorunların süreceğini ileri sürüyor...

Padişah II. Abdülhamit'in baskıcı döneminde, siz 1907'de Türkiye Haritası çizeceksiniz... Gelecekteki Türk Devleti'nin sınırları bu olacak diyeceksiniz. Size kim inanır? Daha ufukta Meşrutiyet ilan edilmedi. Balkan Savaşı yok. Dahası, I. Dünya savaşı ortada yok... Siz düşünün, kimi inandırabilirsiniz. Zaten kendisi de çoğu zaman çevresindekileri inandıramamıştır... Çevresindeki kişilerden o kadar farklı bir yapıya ve özelliklere sahipti ki, çevresindekilerin onu anlamaları mümkün değildi...

Benim bu kitapta ileri sürdüğüm görüşlere benzer bir yaklaşımda bulunan 1981 yılında yayınlanan "Atatürk ile Konuşmalar" adlı eserin yazarı Ergün Sarı bey, kitabının 23. sayfasında şöyle diyor: *"Sanki karşımızda bir tarih bilici var..."*

Evet... Gerçekten de bir tarih bilicisi var...

Atatürk savaşı kazandıktan sonra istese padişahlığını ilan etmezmiydi? Ederdi. Ona kim dur diyecekti? Hiç kimse...

Çünkü Ordunun Başkumutanı O'ydu. Kaçan padişah Vahdettin'den sonra tahta çıkar ve hayatını eğlence içersinde geçirirdi. Fakat O bunları düşünmedi. Kültür Derimleri'ni yaparak,

"ÖNSÖZ"

Türk insanına gereken değeri verdi. Özellikle gerçekleştirdiği Latin Alfabesinin kabulü çok önemli bir olaydır. Eğer Atatürk Batı tarzında bir Devleti oluşturmasaydı, biz bugün ne olurduk? Hangi ülke düzeyinde olurduk? Hiç düşündünüz mü? Biz bir Suriye, Irak, Mısır veya Libya gibi olurduk. Başımızdan bir diktatör gider, bir tanesi gelirdi. Çünkü Osmanlı Devleti içerisinde düzen şudur: Padişah, Halife'dir ve din ile Allah'ın yeryüzündeki temsilcisirdir. Halk onun emirlerini dinler, ticaret ve tarımla uğraşır, bol bol çocuk yetiştirir ve vergi verir. Başka hiç bir hakka sahip değildir. Buna karşılık Atatürk devrimleri ile halka değer verdi. Kısacası milletini insan yerine koydu.

Bu kitaptaki olayları okuduktan sonra Atatürk'ün sıradışı şahsiyetine inanıp inanmamak size kalmış bir şeydir. Bugün ona küfür edenler de dahil, herkes yaşamını ona borçludur. Çünkü Atatürk olmasaydı bugün onların ne anneleri, ne de babaları olacaktı. Yunanlılar dedelerini ve ninelerini öldürmüş olacaktı. Ya da zorla Hıristiyan yapacaklardı. Belki de bugün adları Aleko, Nicos, Eleni, Marya olacaktı. Bunları düşünmek lazım...

O Türkiye Cumhuriyeti'ni sıfırdan kurmuştur ve kıyamete kadar devam edecektir. Atatürk'ün ileri sürdüğü belki de en büyük kehaneti: **"Benim naçiz vücudum elbet bir gün toprak olacak, ama Türkiye Cumhuriyeti ilalebet payidar kalacaktır"** sözüdür...

İşte bu inanç ile, bu kitap kaleme alınmıştır...

GİRİŞ

Bilimin gelişmesi, uzun zaman boyunca sınırlı olarak kalan insanı ve doğayı rahata kavuşturdu. Bilim bu dünyayı incelemeye başladığı zaman, sadece maddesel olanı amaçladı. Doğayı araştırmaya, analiz etmeye girişildi ve bu yolla her şeyin açıklanabileceği, keşfedilebileceği zannedildi. Maddecilik kendine özgü mekanik anlayışı ile bir ölçü oldu. Zaman-mekan içinde sebep-sonuç kanununa göre işleyen bir dünya tasarımı, doğa bilimlerinin ideali sayıldı. Bunun sonucu olarak teknikte, ekonomide ve sanayide dev gelişmeler oldu. Maddi ihtiyaçlar karşılanırken, yaşam anlamsızlaştı. Bu konuda Sir Arthur Eddington'un "New peth-Ways of Science" adlı eserinde yazılan *"Fizik dünya tek bir dünya değildir"* sözünü, Sir James Jeans'ın Physics and Philosophy'de açıkladığı gibi: *"Fiziğin tanıdığı dünya tüm gerçekliğin sadece bir kesitini yansıtır"* sözleri bize başka bir dünyanın varolduğunu açıklamaya başladı...

Bütün bunların anlamı nedir? Yeni bir çağın eşiğine mi geldik? *"Evet"* diyebilir miyiz? Tabi ki deriz... Nitekim doğa bilimlerinin en maddi ve en kesin dallarında bütün tahminleri alt üst edecek nitelikte köklü değişiklikler meydana geldi.

Maddenin ayrıştığını ispatlayan fizikçiler çalışmalarını artık maddenin ötesinde zaman, mekan ve nedensellik kavramlarının geçerli olmadığı bir sahaya yönelttiler. Yeryüzünün

"ATATÜRK'ÜN KEHANETLERİ"

bambaşka alanlarında inceleme yapan Hint bilgesi Aurobindo ve Filozof-Antropolog Teilhard de Chardin gibi araştırmacıların söylediği gibi; İnsanlığın Ruhsal tarzda bir değişim sıçraması eşiğinde bulunduğu sözünün ne kadar büyük bir önsezinin ve gerçeğin ifadesi olduğu anlaşıldı.

Bunun böyle olduğunu daha inandırıcı ve daha kesin biçimde anlatan yepyeni bir bilim var. İnsan geleceğinde devrimci bir çığır açan bu bilim: **PARAPSİKOLOJİ**'dir. Bu bilim sayesinde insan aklının hemen kavrayamayacağı kanıtlara erişildi. Böylece insanda bilinen bütün madde, enerji, yer, zaman ve nedensellik kanunlarını alt-üst eden, beş duyum alanının dışında bir takım **"Ruhsal-Psişik"** güçlerin ve yeteneklerin bulunduğu ispatlandı. Bunlar düşünceyi okumak, geleceği önceden görebilmek, maddeyi etkilemek gibi eskilerin **"mucizevi olaylar"** adını verdikleri fenomenlerle bağlantılı olaylardı. Ve tarih boyunca tanıklarla doğrulanan tüm bu olaylar kitaplarda yer almaya başladı...

Parapsikoloji araştırmaları henüz daha yenidir. Araştırılacak saha ise çok geniş bir skalayı içermektedir. Ve kabul etmek gerekir ki henüz daha bu skalanın tamamı aydınlatılamamıştır... Ancak şu ana kadar ortaya çıkan sonuçlar; şimdiye kadar bilimsel yolla "Dünya" ve "İnsanlık" hakkında elde ettiğimiz bilgilerimizi yeniden gözden geçirmek zorunda bırakmıştır. Parapsikolojinin el attığı saha geniştir. Zira araştırıcı G.N.M. Tyrell'in dediği gibi: *"Söz konusu şeyler hiç de az değildir. Zaman, yer, madde ve nedensellik doğanın sadece bir kesimidir. Ve bunların arkasında nesnelerin arada bir kendini gösteren başka bir düzeni bulunmaktadır".*

Bu araştırma insanlık dünyasının bilinmeyen derinliklerine doğru yapılan bir yolculuktur. Orada insanın şimdiye kadar bilinememiş güçleri ve imkanları durmaktadır. Amaç, bunları harekete geçirmektir. Bu atılımlarla bilim tarafından engellenmiş insanlığın en eski bilgileri içinde bulunduğumuz yüzyıl

"GİRİŞ"

sona ererken, birden bire yeni bir ışıkla aydınlanmaya başlamıştır. Hint bilgini Rama Prasad'ın: *"Maddesel gelişim her alanda en yüksek noktasına erişmiştir. Şimdi ise gelişim ruhsal alanda devam edecektir."* sözü Ruhsal alandaki araştırmalara olan yönelişi anlatmaktadır.

Parapsikolojinin durumu da şu anda böyledir. Bilimsel olarak araştırmalar yapan bu dalın elde ettiği sonuçlar, insanın tanınması bakımından gereklidir.

Atatürk'ün sahip olduğu "geleceği önceden bilme gücü"nün kabul edilmesi, herkesin parapsikoloji hakkında az veya çok bilgili olmasına bağlıdır. Bizim milletimiz eskiden beri İslamiyet'in etkisiyle dini inançlarını yaparken çeşitli ruhsal olaylara şahit olmuştur. Onun için bana göre, Atatürk'ün böyle bir güce sahip olması aslında bize yabancı gelmemelidir. Çünkü Anadolu'da yaşayan Hacı Bektaşı-ı Veli, Mevlana gibi daha pekçok Veliler, Şeyhler ve büyük din bilginlerinde de bu güçten bulunmakta idi. "Ermişler" diye adlandırılan bu kişiler, bizce bilimin bir çok gizli sırlarına sahip olmuşlardır. Gerektiği zamanda da kullanılmasını bilmişlerdir.

Aklımıza gene Einstein'in sözü geliyor: *"Eskiler bizim bilmediğimiz bir çok şeyi biliyorlardı."* Gün geçtikçe yapılan araştırmalardan elde edilen sonuçlar onu desteklemektedir.

Bizde şöyle bir söz vardır. **"Abdal'a malum olur."** Abdal'ın manası sözlükte şudur: Eskiden kimi gezgin dervişlere verilen ad. Abdal'a malum olur ise, bir şeyin olacağını önceden sezen kişiler için şaka yollu söylenen söz. Halk arasında bu söz Aptal'a malum olur, diye yanlış olarak değiştirilmiştir.

Aslında bütün sorun iyi bir araştırmanın yapılmamasından kaynaklanıyor. Önceden bilme, yabancı dilde Prekognisyon olarak geçer. Parapsikoloji'de üstün sezgi gücü ESP oalarak kısaltılmıştır. Brada anlatılmak istenen, insanda bulunan üstün bir sezme gücünün bulunduğudur.

Parapsikoloji'nin ilk kurucularından olan J.B.Rhine: *"Din kurucuları, parapsikolojinin bugün keşfetmiş olduğu yetenek-*

"ATATÜRK'ÜN KEHANETLERİ"

lerin varlığını çok önceden ortaya koymuş kimselerdir" diyor. Onlar bu sözleriyle parapsikolojiyi geliştirmeye çalışırken, dinin toplum üzerindeki etkisi ise gün geçtikçe kaybolmaya başlamıştı.

Sanayi ülkelerindeki gelişmeler sonucunda, toplumların refah düzeyleri yükselmeye başladı. Buna rağmen bir noktada güçsüz kaldılar. Toplumlarında mutluluk ve huzur sağlayamadılar. Böyle olunca dinsel ve ahlaksal kuralların etkisi azaldı. İnançsızlık yayıldı. Bu durum Türkiye için de geçerliliğini sürdürmektedir. Önceki nesillerin ideal olarak gördüğü, elde etmek için çabalar harcadığı kavramlar yıkılmaya ve yokolmaya başladı. İnsanların bir zamanlar yüce ve kutsal olarak kıymet verdiği ne varsa gülünçleşti, gücünü yitirdi. Bugün dinlerin inandırıcı gücü iyice azalmış bulunuyor. Çünkü günümüz insanlığı artık inanmak ile yetinmek istemiyor. Bütün bunların ardındaki sırları öğrenmek ve bilmek istiyor... Bilgi Çağı'nda insanlık artık inançların ardındaki bilgilere kavuşmak istiyor...

Büyük İngiliz devlet adamının ölmeden önce derin bir sezişle hissettiği şey, sanılandan çok daha önce gerçekleşmiş bulunuyor. Bu adam Winston Churchill'di ve aynen şöyle yazmıştı: *"Daha önceki nesillerin bile görmediği projeler bizden sonraki nesillerin uğraşacağı işler olacaktır. Çeşitli kolaylıklar eğlenceler, çalışmalar ve konfor onları bütün genişliğiyle etkileyecektir. Fakat maddeselin ötesindeki şeyleri araştırmak yoluna girmezlerse, kalpleri acıyla dolacak, hayatları bomboş olacaktır. Umutla ve güçlerle birlikte tehlikeler de gelecek. İnsan zihninin verimliliği, karakterinin kuvveti ya da düzenleme yeteneği bunların karşısında hiç bir şekilde ayakta duramaz olacaktır. Bir kez daha iyi ile kötü arasında seçim yapmak gerekecektir."*

Evrende olup biten her şey bir düzeyde iz bırakıyorsa, geçmişin görülebilmesi belki mümkün olabilir. Öte yandan bu

"GİRİŞ"

günkü olaylar yarını etkiliyorsa geleceğin çizgileri bugün de var demektir. O zaman bu, belli bir sınırdır ve bunu aşıp geleceği görebilmeyi başarabiliriz. Tıpkı "Kahin" ya da "Ermiş" kişilerin yapmış olduğu gibi...

Hintliler'in Çandogya Upanişad isimli kitabında şöyle bir bölüm vardır: *"Bana tüm bildiklerini anlat, sana bundan sonra olacakları anlatayım."* Burada geçmişin ve geleceğin zaman içinde birbirini nasıl etkilediği anlatılmak istenmektedir. Zaman konusunda Einstein'in söylediğini, 16. yüzyılda yaşayan Michel Nostradamus da söylemişti: *"Geçmiş zaman, şimdiki zaman ve gelecek zaman... Zamanın sonsuzluğunda tek bir düğümle birbirine bağlıdır..."*

Yakın zamanın ünlü bir geleceği gören kişisi Wollf Messing de, ileri sürdüğü kehanetlerinin nasıl oluştuğunu şöyle açıklıyor: *"Geleceği görebilme yeteneğim dünyanın materyalist görüşüne ters gelebilir. Fakat önceden görebilme tabiat üstü bir olay değildir. Bilgi edinmede bilimsel ve mantıki metodun yanısıra dolaysız bir biliş de vardır ki, buna precognition* (önceden bilme) *diyoruz. Biz mekan ve bunların geçmiş hal ve gelecekte ilişkilerinin manası hakkında karışık fikirlere sahibiz. Bu bilgi şimdiki görünüşüyle bize izah edilemez görünüyor. İnsanın hür iradesi var. Fakat büyük Mihverler de var. Gelecek denilen şey geçmiş ile şimdikinin devamıdır. Olayların arasında düzenli bağlantılar bulunmaktadır. Bu bağlantıların işleyiş şekli henüz izah edilememiştir. Ama bana göre bir bütündür"* diyerek geleceği görme kabiliyetini özetleyen Messing, Nostradamus'u da doğruluyor...

Geleceği önceden görebilmenin nasıl gerçekleştirildiğini Eskiler'in kitaplarından görebiliriz. Konuyla ilgili birçok eski el yazması çürüyüp yok olmak üzeredir. Değişmez fizik kanunları gibi inandırıcı bir kesinlikle kaydedilen bu esrarlı formüllerin ardında bir gerçeğin yattığı iddiası, her geçen gün kuvvet kazanmaktadır.

"ATATÜRK'ÜN KEHANETLERİ"

Eski Güney Amerika Uygarlıkları'nda yapılan bazı dini törenlerde, rahipler özel tip mantarları ezerek hazırladıkları suyu içer ve gökyüzünde bulunan ataları ile irtibat kurarlardı. Bu ayinlerin sonunda rahipler gelecekten haberler verirlerdi. Eski uygarlıkların hemen hepsinde gelecekten haber veren kahinler daima üstün tutulmuşlar ve onlara özel bir önem verilmiştir.

Güney Amerikalı rahiplerin kullandığı otlardan birkaçı şunlardır:

Naukatl veya Teonakatl Mantarı: Bilimsel adıya Strophiaria olarak tanınır. Rahipler arasında Tanrı'nın eti diye tanımlanan bu mantar, bol miktarda psilocybine alkolü ihtiva eder. Yendiği zaman hafızayı kuvvetlendirir ve yeşil renkte görüntülere yol açar.

Yage: Bir tür tropikal Amerika bitkisidir. Uzak mesafeleri görme ve işitme yeteneği verir. Bir kilo yage, birkaç litre su içinde kaynatılır. Buharlaşma ile, elde ancak bir bardak sıvı kalacak kadar özdeşleştirilir. Bu sıvıyı içen kimse duvar arkalarını görebilecek hale gelir. Yage metodundan faydalanmak suretiyle Güney Amerika'da birçok yeraltı hazinesi ortaya çıkartılmıştır.

Huanta: Bilimsel adı Datura Arborsa de Equateur'dur. Beyaz yapraklı bir bitkidir. Çok zehirlidir. Özel şekilde hazırlandıktan sonra yenilirse 2-3 günlük bir koma haline sebep olur. Komada bulunan kişi gelecekten haberler verir.

Bütün bu bitkilerin kullanılmalarının tek amacı, gelecekten haber alabilmektir. Ruh beden ilişkisini gevşetmeye yarayan bu ve buna benzer bitkilerin uyuşturucu özelliği bulunduğundan dolayı kullanılmasının zararlı olduğu günümüzde artık net bir şekilde bilindiği için, Kehanetler konusunda çağdaş araştırmaları sürdüren Parapsikoloji Bilimi'nde, insanların bu yeteneğini ortaya çıkartıcı başka yollar denenmektedir. Özel metotlarla bu yeteneğin nasıl ortaya çıkartılabildiği deneysel olarak da yurtdışındaki birçok üniversitede gösterilmiştir.

"GİRİŞ"

Özel çalışmalara gerek olmadan da, bazı kişilerde bu yeteneğin kendiliğinden ortaya çıktığı bilinmektedir.

Kahin ve Falcılar...

Kehanet ile falcıları da birbirinden ayırmak gerekir. Şimdi vereceğim örnek bu iki ayrımı net bir şekilde göstermektedir: Geçtiğimiz yıllarda İspanya'da düzenlenen Dünya Futbol Şampiyonası'nda, şampiyonun kim olacağını herkes merak ediyordu. Falcılar finalin Brezilya-Arjantin arasında oynanacağını ileri sürdüler. Buna karşılık kehanette bulunan kişiler finalin İtalya-B.Almanya arasında oynanacağını ve Almanya'nın kaybedeceğini söylediler. Spor otoritelerinin hiç şans tanımadıkları İtalya gerçekten de finale çıktı ve Almanya'yı yenerek kupayı aldı. İşte bu olay falcılarla kahinler arasındaki farkı ortaya koyması bakımından güzel bir örnektir.

Paranormal olaylar olarak adlandırılan ve Parapsikoloji'nin incelediği olaylar, birçok insanın başından geçmiştir. Gerçekleşen haberci rüyalar, geleceği bilme, telepati, altıncı duyu vs... Bu olaylar hep "Doğaüstü" ya da "Duyularüstü" olarak nitelendirilmiştir. Ancak bu olayları böyle nitelendirmeye devam edersek bazı yanlışlıklara kapılabiliriz. Çünkü doğa her şeyi kapsadığına göre "Doğaüstü" diye bir şeyden sözedilmesi mümkün değildir. Aslında Parapsikolojik olaylar, klasik bilgilerimizin içinde yer alan doğa kanunları ile açıklanamadıkları için doğaüstü diye adlandırılıyor. Doğa kanunları ile ilgili bilgilerimizi zaman içinde genişlettikçe söz konusu olayların da, hangi doğa kanunları çerçevesinde meydana geldikleri çözülebilecektir. Burada söz konusu olan fenomenlerin doğa kanunlarına zıt oldukları söylenemez. İşte Parapsikoloji'nin araştırmaları bu sorulara cevap bulabilmek içindir.

Peki hangi fenomenler Parapsikoloji'nin araştırma alanına girer? Bu soruya verilecek olan cevap, cevap verenin Parapsikoloji hakkındaki görüşüne bağlıdır. Eğer Parapsikolojiyi red

"ATATÜRK'ÜN KEHANETLERİ"

eden ve ön yargılarla konuşan biri ise: Algılama yanılgılarından, ters anlamalardan, pisikolojik dengesizliklerden, kendi kendini kandırmadan ve hayal kurmadan söz edecektir. Hatta bu gibi olayların gayet basit olarak açıklanacağını öne sürecektir. Atatürk'ün böyle bir güce sahip olabileceğini ise hiç bir zaman kabullenmeyecektir.

Bazı insanların, eski anlayış ve ebki değerlerin yitirilmesine tahammülleri yoktur. Fazla değil, 50 yıl önce Ay'a gitmenin imkansız olduğunu savunanların sayısı epeyce kabarıktı... Sonuçta ne oldu?... Sonuçta imkansız gibi görünen bir hayal gerçekleştirildi.

Günümüzde kehanet, altıncı duyu, telepati, durugörü gibi yetenekler çok önem kazanmıştır. Bilim bunları Parapsikoloji adı altında inceleyerek, bir açıklama getirmeye çalışmaktadır. Yapılan deneyler sonucunda, her gün yeni bir olguya açıklık getirilmektedir. Bu deneylerde kullanılan kişilerin yetenekleri incelenirken, ön planda Telepati ve ESP (Üstün Sezme Gücü) gelmektedir. Yapılan araştırmalar sonucunda bazı kimselerde bu sezgi gücünün çok fazla olduğu bilimsel olarak ortaya çıkartılmıştır.

İleri sürülen bir teoriye göre, her insanda ESP'nin olması gerekir. Fakat insanların birçoğunda olmaması nasıl açıklanabilir? Beyin yapılarının farklılığından mı? Olabilir... Çünkü beyinde birçok merkez var. Bunların birçoğunun görevleri bilinmesine karşılık, bazı merkezler esrarını korumaktadır.

ESP (Extra Sensory Perception) yani Üstün Sezme Gücü'nün beyinle ilgili bir yanının da olduğu kabul ediliyor. O zaman ESP'yi faaliyete geçiren bir merkezin beyinde olduğu düşünülebilir. Bu merkez olacakları sezmekte ve geleceği bilmektedir. İstatistikler, dünya üzerinde önemli rol oynamış bazı önderlerde ve bazı "vazifeliler"de bu merkezin çalışmakta olduğunu gösteriyor.

İşte dünyaya gelen büyük vazifelilerden biri olan Mustafa

"GİRİŞ"

Kemal Atatürk'de de bu merkez açıktı. Zor işlerin öncesinde geleceği biliyordu. Ona sadece harekete geçmek kalıyordu. Kurtuluş Savaşı sıralarında düşmanın ne yapacağını çok iyi biliyordu. Savaş alanında her an bir değişiklik olması söz konusudur. Bir yerde ne kadar ileri görüşlü olsanız bile hata yapabilirsiniz. Kurtuluş Savaşı'nda yapılacak en küçük hata ise tamiri imkansız büyük felaketlere yol açabilirdi.

Bir örnek verirsek; Sakarya Nehri'ne doğru geri çekilen Türk Ordusu çok büyük bir alanı düşmana bırakmıştı. Bunun tepkileri Türkiye Büyük Millet Meclisi'nde çok büyük olmuş, birçok kişi: *"Ordumuz nereye gidiyor? Bunun sorumlusu kim?"* diye tepkilerini dile getirmiş hatta Meclis'in ve Hükümet'in Ankara'dan ayrılarak, Konya, Yozgat ya da başka bir Anadolu şehrine naklini isteyenler bile olmuştu.

Buna karşılık Mustafa Kemal kendinden emin bir üslupla Meclis'de yaptığı konuşma ile endişelenecek hiç bir şeyin olmadığını söylüyordu. Ancak yine de endişeler Sakarya Savaşı'nın kazanılmasına kadar birçok kişide sürmüştür...

Buna karşılık Mustafa Kemal her şeyden emindi...

Delfi Kahini *"Falcı çoktur ama gerçek kahinler birkaç kişiyi geçmez"* diyordu... Bu söz Antik Yunan için olduğu kadar, günümüz dünyası için de geçerlidir. Gerçekten de kehanet yeteneği, denizin dibindeki inci kadar ender bulunan bir olgudur. Hakiki bir kehaneti belirleyen özellikler, bu kehanetin ihtimal ve tesadüf dışı olmasının yanısıra, tarifindeki yüksek sıhhat derecesidir.

Atatürk'ün söylediği kehanetler de öyledir. O, bunları söylerken hissetmiştir. Düşüncelerin ve psişik olayların; beyin içinde oluşan elektriksel ve kimyasal birleşimlerden başka bir şey olmadığını iddia eden bazı bilimsel çevrelere göre, maddesel olan her şey görülüp kanıtlanabilir. Oysa ki, "psişik olaylar" ancak belli kişilerde ortaya çıktığı için, bunun bilimsel bir ispat olamayacağı bu çevrelerce iddia edilmiştir.

"ATATÜRK'ÜN KEHANETLERİ"

Ancak kehanet olayının ardında yatan prensipleri ortaya çıkartabilmek için "psişik dünya"nın bilincine varmak gerekir.

"Önceden Bilme"nin doğuştan oluşan bir yetenek olduğu ileri sürülüyorsa da, bu yeteneğin özel metotlarla geliştirilebileceği de ispatlanmıştır. Materyalist bir dünya görüşü ile bakıldığında mistik fenomenler büyük bir şüphe ile karşılanabiliyor. Fakat şurası bir gerçek ki, artık bu fenomenler bilimin araştırma sahasına kadar girmiş durumdadır.

"Önceden Bilme" denemelerini ilk olarak 1930 yılının sonlarına doğru İngiliz Parapsikolog Jilliam Carrinton yapmıştır. Daha önceleri çok sayıda filozof bu konuya dikkatleri çekmişti.

Araştırmacı Broad, "Önceden Bilme"nin mantık açısından var olamayacağı görüşündedir. Diğer bir araştırmacı Garnett ise bütün olayları birbirine bağlar. İster psişik olsun, ister maddesel olsun, bir ortak alan vasıtasıyla (medyom) bunların birbirlerine bağlanabileceğini ileri sürer.

Genel olarak "Önceden Bilme"de rol oynayan kişi, bellidir. Kişi "trans"a geçer. Fakat trans bir uyku hali değil, uyanık iken düşüncelerin belli bir noktada yoğunlaştırılmasıdır. Trans halinde gözler açık ya da kapalı olabilir. Transın oluşumunu sağlayan çeşitli etkenler de bu olaya yardımcı olabilir. Örneğin değişmeden tekrarlayan bir hareket, müzik vs... Trans halinde paranormal olaylar ortaya çıkabilir. Bütün bunların temeli "konsantrasyon"a dayanır. Konsantrasyon çalışmalarını başarılı bir şekilde yapan kişiler böyle bir tecrübeyle karşılaşabilirler. Geçmiş dönemlerde ise; rahiplerin, bilginlerin, ermişlerin dışında pek fazla kimse yapamamıştır. Klasik bilimin sınırlarını aşamayan kişiler için, bu konular hala büyük bir sır olarak kalmaktadır...

Bilinç üstü uyanıklığa (transa) geçen bir kişide "zaman" ve "mekan" sınırları ortadan kalkar. Ve bu yolla uzaydaki akıllı varlıklara kadar ulaşabilir. Önemli olan transa geçişi sağlaya-

"GİRİŞ"

cak konsantrasyonun oluşturulabilmesidir... Bu bize bir tek şeyi açıklar. **İnsan sonsuz bir gizli güce sahiptir.** Yeter ki, bunu anlasın ve kullanmaya çalışsın. Sonunda elde edilen başarılar çok görkemli olacaktır...

MANTIK SINIRLARININ ÖTESİNDE

İnsan beyninin kimyasal ve elektriksel yöntemlere göre işlev gördüğü bilinmektedir. Ancak ölçülemeyen bir zihin ve bilinçlik halleri, klasik fizik çerçevesine sığdırılamamaktadır. Telepati deneyleri düşünce enerjisinin aktarılabildiğini ve aynı şekilde dalga olarak alınabildiğini kesinlikle kanıtlamaktadır. İşin ilginç olanı, bazı algıların, meydana gelecek olan bir olgudan söz etmesidir.

Bilinç halinin ötesinde, Parapsikoloji kürsülerinde bir de ön bilinç şekli olarak ifade edilen bir hal de ele alınmaktadır. Bilinmeyen bir enerjinin beyinde oluştuğu ve gelecekle ilgili bazı bilgileri ender de olsa fısıldadığı farkedilmiş durumdadır. İşte ilk başta Parapsikoloji bunu ele almış ve araştırmalarını bu yönde geliştirmiştir.

Gelecekteki olayları Atatürk'ün önceden bildiğini ileri sürerken, bizzat onun yaşadıklarından hareket etmekteyim. Örneğin: Kurtuluş Savaşı'nın doruk noktasına çıktığı Sakarya Savaşı sırasında Atatürk'e şöyle sormuşlardı: *"Sakarya cephesi bozulsaydı ve düşman Ankara'ya doğru ilerleseydi ne yapardınız?"* Atatürk'ün cevabı pek kısa oldu:

—*"Güle güle beyler der, onları Anadolu'nun ortasında yok ederdim..."*

Az öncede söylemiş olduğum gibi, Atatürk çok emin olarak konuşmaktadır. Atatürk Sakarya Savaşı'nda er veya geç ama mutlaka düşmanı mağlup edeceğini kesin olarak biliyordu. Şimdi birçok kimse şunu haklı olarak düşünecektir: Bu kadar emin olmasının ardındaki sır neydi?... Nereden ve nasıl bi-

"ATATÜRK'ÜN KEHANETLERİ"

liyordu?... Öncelikle hemen belirtmeliyim ki, bunu Askeri yönden açıklayamayız. Çünkü Türk Ordusu, kuvvetçe kendisinden çok üstün olan düşman güçleriyle çarpışmaktaydı. Ve mantıksal olarak bakıldığında ortada büyük bir risk vardı.

Öyleyse geriye tek bir açıklama yolu kalıyor: O da Atatürk'ün mantık sınırlarını aşan parapsikolojik bir güce sahip olması ve bunu kullanması...

Nedir bu parapsikolojik güç, her insanda var mıdır? Bunları sırasıyla inceleyeceğiz.

Yıllar öncesinin ünlü kahini Michel Nostradamus şöyle diyordu:

— *"Çok uzun bir zamandan bu yana gerçekleşen ne kadar çok kehanette bulundum. Bunlardan birçoğu ilahi güç ve irade neticesinde meydana gelmiştir."*

Ünlü kahinin bu sözlerinden, kehanet mekanizmasıyla mistik bir bağlantının olduğu da anlaşılabilir. Öyleyse kehanet gücü bazı özel ve seçilmiş insanlara verilmiştir. Tarih kitaplarında ve din kitaplarında peygamberlere, ermiş kişilere böyle bir gücün verilmiş olduğunu görüyoruz.

Mistik kitaplarda Tanrısal sırlara sahip olan insanların bu güçten yararlanabildiği yazılıdır. İnsanın mistik dünyasıyla ilgili çok eski kayıtlarda; bu güçten yararlanabilenlerin çok uzaktaki olayları veya gelecekteki olayları önceden görebildikleri yazılıdır.

Konuyu Tek Tanrılı dinler açısıdan ele aldığımızda şu temel prensiple karşılaşırız:

Tanrı'dan sonra insan gelir. O canlılar arasındaki en mükemmel varlıktır. "Tanrısal Sırlar"ı içinde barındırmakla beraber, arınamamış insanlar bunun farkında değillerdir. Bu nedenle insanların büyük bir çoğunluğu "Tanrısal Sırlar"ın ancak pek azına sahip olabilmiştir. Tüm Tasavvufi çalışmalar işte buradan hareketle, insandaki sırları ortaya çıkatmaya çalışmışlardır.

"GİRİŞ"

İslam Tasavvufu'nda bir felsefe vardır: İnsan ve Dünya Tanrı'nın bir görüntüsüdür. Eğer biz insanlar Tanrı'nın birer görüntüsü isek, O'nun "Tanrısal Sırları"ndan az da olsa almış olmalıyız. Bu basit mantık yürütmesinden bile; insanda henüz tam olarak adlandıramadığımız bir takım güçlerin bulunmasını, yadırgamamız gerektiği sonucuna ulaşabiliriz.

Konuya mistik açıdan yaklaşıldığında, belirli bir seviyeye gelebilmiş insanların içlerinde zaten varolan Tanrısal güçleri ortaya çıkartabildiklerini söyleyebiliriz.

Mustafa Kemal Atatürk neden bu yetiye sahip olmuştur? Çünkü onun bir görevi vardı... O ülkeyi kurtaracaktı... Çökmek üzere olan Osmanlı İmparatorluğu'nun yerine yepyeni çağdaş bir devlet kuracaktı... Atatürk, karşılaştığı zorlukların üstesinden gelirken, bu kehanet yeteneğini kullanmıştır. Bu gücü Tanrı'dan aldığını İslami değerler içerisinde kabul edebiliriz. Şunu hemen söyleyelim ki; kehanet mekanizmasının sırlarından Anadolu'da Batıni Tasavvufi çalışmalarda bulunan Sufi dergahları da öteden beri haberdardılar... (*)

Her insanda geleceği görebilme gücü olsaydı, yaşamımızın dengeleri büyük bir ölçüde olumsuz yönde değişmeye başlardı. Örneğin, gelecekte meydana çıkacak kötü bir olayın üzüntüsü, bizleri yıllarca önce kaplar ve yaşamımız çekilmez bir hale gelirdi. Ya da nasıl olsa başarıya ulaşacağım diye yan gelip yatmaya kalkışabilirdik. İşte bu nedenle, bu yetenek sadece özel görevlilere tanınmış bir ayrıcalık olarak karışımıza çıkmaktadır. İslamiyet'teki şu emir; bu açıklama için geçerlidir: *"Yarın ölecekmiş gibi Ahiret için, hiç ölmeyecekmiş gibi dünya için çalış."*

İnsan Tanrı'dan sonra gelen ve onun sırlarını içinde barındıran bir varlık olmasına rağmen bunun bilincine pek az insan varmıştır.

(*) Ayrıntılı Bilgi İçin Bakınız: "Gizli Sırlar Öğretisi", SINIR ÖTESİ YAYINLARI, Ergun CANDAN

"ATATÜRK'ÜN KEHANETLERİ"

Birçok ünlü ve başarılı kahinler ve bu güce sahip kişiler kehanetlerini uykularında, derin dualara dalmış ya da trans halindeyken yapmışlardır. Örneğin Edgar Cayce, trans haline geçince geçmiş ve gelecekle ilgili soruları rahatlıkla yanıtlarken, geçmiş uygarlıklar hakkında bilgiler vermiş ve ciltler dolusu kehanetler yazdırmıştır. (Bunların büyük bir bölümü sırasıyla gerçekleşmektedir. Ve gerçekleşmeyi bekleyen çok önemli kehanetleri vardır.) İşin bir başka ilginç tarafı da; Edgar Cayce'nin, tarans halindeyken söylediklerinin hiç birini, uyandığı zaman hatırlayamamış olmasıdır...

Ünlü kahin Nostradamus ise kehanet gücünü açıklarken şu satırları yazmıştı: *"İlahi güçlerin, bana yıldız bilimiyle açıkladığı, insanlığa yararlı bilgiler..."*

Öyleyse Atatatürk için şunları rahatlıkla şöyleyebiliriz:

Atatürk de bazı ilahi güçlerle temas halindeydi... Kurtuluş Savaşı sırasında, zor koşullar altında çalışarak vatanı kurtarmaya çalışan Mustafa Kemal Atatük'e bu ilahi güçler, onun zor anlarında yardımcı oluyorlardı.

İç aydınlanmasını sağlamış bazı Sufi dervişlerinin öldükten sonra zaman zaman insanlara yardım etmek üzere göründüklerini de unutmamak gerekir. Anadolu'da Kurtuluş Savaşı sırasında ciddi ve sözüne güvenilir çok sayıda kişinin anlattıkları binlerce sıradışı gizemli olayların olduğunu da biliyoruz. O zor günlerde Türk insanının haklı davasına yardım eden Ruhsal Alem'in varlıklarının yanısıra; bizzat Ruhsal Alem'in de Atatürk'e de yardım etmiş olduğunu söylemenin, abartılmış olduğunu düşünmüyorum...

St. Thomas Aguanis: *"Geleceğin görüntüsü doğrudan doğruya Tanrı'nın etkisidir"* diyordu. *"Kehenet Yeteneği"* adlı kitapta, adı geçen günümüzün Trappist rahiplerinden biri, önsezi gücünün herkeste bulunduğunu ancak bazı koşullarda ve bazı insanlarda ortaya çıktığı ileri sürüyor.

Gerçek kehanetlerden söz ederken, onlara hayal gözüyle

"GİRİŞ"

bakmamız sadece ön yargılı olmaktır. Tarih boyunca insanoğlunun içinden çıkan bazı kişiler, zaman perdesini belirli bir süre aralayarak ilerisini bir an için görebilmiştir. Bunun örneklerini tarihte görüyoruz. Özellikle de tarihin geçmiş dönemlerinde bu sırların ayak izleri çok daha belirgin durmaktadır. Atlantis, İnka, Maya, Mısır, Mezopotamya, Tibet, Orta Asya ve Uzak Doğu Uygarlıkları'nın hemen hepsi, birçok sırrı içinde barındıran geleneksel - ezoterik (gizli) bilgilere sahipti...

L.Pavvels: *"Eskiler pek basit tekniklerle, bizim de yaratabildiğimiz fakat sebebini açıklayamadığımız bazı sonuçları elde etmişlerdir. Bu basitlik eski çağ biliminin özelliğidir"* diyor. Einstein da: *"Eskiler bizim bilmediğimiz bazı sırlara sahiptiler"* demekten kendini alamamıştı...

Modern Batı'da bir süre kabul edilmeyen ve son yıllarda yavaş yavaş ortaya çıkarılan bazı bulgular ve bilgiler karşısında, insanoğlunun şaşkınlığı gün geçtikçe artıyor. Çünkü zamanımız insanı katı maddeceliğin içinde yüzerken, parapsikolojik olaylara şüphe ile bakıyor. Oysa ki, Sigmund Freud bile rasyonalist olmasına rağmen, eninde sonunda telepatiye inanmıştır. Kahin Wolf Messing, Albert Einstein'ın evinde Freud ile bir telepati deneyi gerçekleştirmiştir. Ünlü psikanalist Sigmund Freud, Messing'in psişik yetenekleri ile yakından ilgilenmiş ve onunla bir dizi deneyler yapmıştır. Hatta psikanalizin babası Freud eğer tekrar dünyaya gelecek olursa kendisini seve seve Parapsikolojiye adayacağını söylemiştir!... Sevgili okuyucular... Bunlar çok önemli kriterlerdir... Yurdumuzdaki bazı psikiyatristler parapsikolojiye alayla yaklaşırken psikiyatrinin kurucusu konumundaki Freud'un yaklaşımından hiç söz bile etmiyorlar...

Beynin ancak onda birini tanıyoruz. Gerçekte insan beyni sonsuz imkanlara sahiptir. Beynin parapsikolojik olaylarda harekete geçen bir bölümü vardır. Bilinç üstü denilen, üstün uyanıklık haline ulaşan insan için zaman ve mekanın sırları orta-

"ATATÜRK'ÜN KEHANETLERİ"

dan kalkar ve Metafizik Alem ile irtibata geçebilir. Evet... Bilmediğimiz bir alem var. Bu alemle ilişkimiz pek yok. Çünkü onu araştırmıyoruz. Yavaş yavaş gerek Batı'da, gerekse Rusya'da araştırmalar gittikçe artmaktadır. Elde edilecek sonuçlar bilim dünyasını sarsacaktır. Hatta çoktan sarsmaya başlamıştır bile... Önemli teorilerin şu anda ayıklanması bile söz konusudur.

Amaç bilinmeyeni ortaya çıkartmak olduğuna göre, yapılan araştırmalardan elde edilen bilgiler, yirmibirinci yüzyıl insanının dünya görüşünü temelden etkileyecektir. Günümüzdeki bilimin tüm ilerlemesine rağmen, hayat olaylarını tam olarak açıklayamamaktadır. Canlı organizmalarda, özellikle de insanda, mekanik görüşle kavranamayan madde üstü bir olguyu kabul etmek; ölüm ötesinde varolabilen ve hayatımıza sonsuzluk özelliğini kazandıran "Ruh"un varlığını kabul ekmektir. Özellikle 1950'lere kadar, Mekanik görüş, madde dışındaki her şeyi yok saymakla, ruh olgusunu ve ölüm ötesi hayatı bilimin sınırları dışına atıyordu. Böylece biyoloji alanında mekanizmin vitalizmi ezmesi, felsefe alanında da spiritüalizmin materyalizm tarafından yenilmesi demekti.

Canlı organizmaların sergiledikleri şuurluluk vitalizm görüşü ile açıklanabilir. Özellikle insandaki ruhsal olayları açıklayabilmek için konuya mekanik görüşle yaklaşmak imkansızdır. Hayatın ve Evren'in ardındaki gerçeklere ulaşabilmek; şu veya bu görüşün kapsamına sığabilecek kadar basit değildir.

Evrenin düzeni içinde amacın ve şuurun yeri olmadığını söylemek imkansızdır. Evreni yalnız maddeden yapılmış olarak gören ve bunların fizik ve kimya ile açıklanacağına inanan felsefi görüş materyalizm, mekanizm ile birbirini tamamlar. Öte yandan vitalizm de felsefe alanında spiritüalizm ile beraberdir. Vitalizm, biyolojik olaylarda mekanik üstü bir cevheri ararken bir inanç ileri sürmez. Spiritüalizm biyolojik olaylarda Ruh'u arar ve bilgi edinmeye çalışır. Bir insanın hayatını, son-

"GİRİŞ"

suz hayatın şimdiki kısmı olarak ele alır. Materyalizm evreni sadece maddeden meydana gelmiş sayarken, spiritüalizm ise maddenin yanısıra ruhtan da oluştuğunu kabul eder.

Tarih boyunca bu iki felsefi görüş birbirleriyle çatışmışlardır. Bilimsel alandaki başarılarla bir ara materyalizme doğru kayan ibre daha sonra tekrar ikisi arasındaki yerini almaya başlamıştır. Çünkü zamanla bilim materyalizmdeki boşlukları ve eksiklikleri görmeye ve tanımaya başladı. Maddenin metafizik boyutunu araştırmak için laboratuvarlar kuruldu, teknolojik imkanlar seferber edildi. Amaç fizik ötesinde neyin olduğunu araştırmak ve insanın bilinmeyen yönlerini keşfetmekti. Bilim, bilimsellik özelliğini burada da gösterdi ve her iki felsefi görüşün ortaya koydukları gerçeklerden ortaklaşa yararlanmayı bildi. Bu araştırmalara örnek olarak Eski Sovyetler Birliği'ni göstermek mümkündür. Dünya üzerindeki en geniş parapsikoloji araştırmalarının yürütüldüğü yerlerden biri de Sovyetler Birliği, Bulgaristan ve Çekoslovakya olmuştur. Doğu Bloğu'nda gerçekleştirilen parapsikoloji alanındaki gelişmeler karşısında Batı şaşkınlığını gizleyememiştir.

Modern Casusluğun Yeni Silahı: PARAPSİKOLOJİ

Parapsikoloji'nin askeri ve istihbarat alanlarında kullanılmaya başladığı uzun bir süredir, Yurtdış'ndaki birçok basın organından kamuoyuna duyurulmaktadır. İşte onlardan birini şimdi sizlere aktarmak istiyorum...

(Bu haber ilk olarak 1981 yılında Nostra Dergisi'nde yayınlanmıştır. Daha sonra Yurdumuzda da Türkçeye çevrilerek Bütün Dünya adlı bir dergide 1982'de yayınlanmıştır.)

Önceleri gerçek bir temelden yoksun söylentiler, kuşkulu bir sansasyon yaratmak isteyen gazeteci uydurması olarak kabul ediliyordu. Ama sonra askerler ve uzmanlar şimdiye kadar karanlıkta kalan bir alanda benzersiz ifşaatlara dikkati çekmeye başladılar. Oysa önce yalanlıyor ve araştırmaları yasaklıyorlardı!...

"ATATÜRK'ÜN KEHANETLERİ"

ABD ve Sovyetler arasındaki stratejik hücum sürüp gitmektedir. Her iki tarafın başlıca hedefi, son yirmi yıldır, **Parapsikolojik Silahlara sahip olmaktır.**

Başkan R.Reagan'ın iktidara gelişi, ABD'de birçok şeyleri değiştirdi. ABD savunmayla ilgili olarak, Başkan ile beraber emsalsiz bir çaba harcamaya başladı. Başkan Beyaz Saray'a yerleştiğinden bu yana bazı endişe verici dosyalarla karşı karşıya bulunmaktadır.

Amerikan Gizli Servis ajanları, Ruslar'ın uluslararası satrançta uyguladıkları çeşitli politikaları açıkladılar. Silahların sınırlandırılması konferanslarında geleneksel savaştan, nükleer, kimyasal ve bakteriyolojik savaştan hiç söz edilmedi. Sovyetler'in büyük bir gizlilik içinde yürüttüğü **"Zihin Savaşı ve Parapsikolojik Silah İmalatı"** alanındaki çalışmaları üzerinde duruldu!...

Başkan R.Reagan'ın çalışma odasındaki dosyalar kesin ve sabitleşmiş bilgiler içeriyor. Bu dosyalar: Pentagon, CIA, FBI ve 1973'den beri kendisi için problem olan DIA'dan (Defense Inteligence Agency) geliyordu. Hepsinden çıkan ortak sonuç: Sovyetler psişik silahlanma sahasında ilerlemeyi arttırma çabasını sürdürdüğü ile ilgiliydi...

Önce Amerikan topraklarında tamamıyla yeni bir tipte casusluk şebekesi keşfedildi. Şebeke, Kremlin hesabına devasa bir **"Zihin Kontrol"** ameliyesine katılan Sovyet ajanlarından oluşuyordu. Kendi kendine ipnoz, telepati, ve her şekildeki düşünce okuma çalışmaları yapmış olan bu köstebekler, mümkün olduğu kadar çok Amerikalıyı "içerden (şuuraltından) etkilemek" amacına sahiptirler. Onları tesbit etmek kolay değildir. Çünkü çalışmaları sadece **"psişik"**tir. Genellikle her gün belli bir saatte, konsantrasyon yaparak, KGB'nin dikte ettiği fikirleri Amerikan halkının zihnine sokmaya çalışırlar.

Elbetteki çok önemli kişilerin (VIP) zihinlerine etki etmeye çalışıyorlar. Bu Psişik Süjeler'in yoğunlaştıkları alan, Washington çevresidir. Eylemin en büyük amacını Alexander Raporu şu cümleyle özetlemektedir: **"Başkan Reagan'ın zihnini ve şahsi kararlarını kontrol altına almak."**

Bu ajanlar, kendi eylemlerinin etkinliğini arttırmak için "Psişik Çekirdek" oluşturmaya elverişli olduklarından, çeşitli dini topluluklarda yuvalanmaya çalışıyorlar. Bütün bunlar yapılan geniş bir soruştur-

"GİRİŞ"

manın sonucunda ortaya çıkartılmıştır, diye devam eden raporun içinde dikkati çeken bir diğer husus da; Rusların paranormal etkiler ile nükleer silahları bir araya getiren ve daha önce hiç kullanılmayan ve bilinmeyen bir tekniğin geliştirilmekte olduğu ili ilgiliydi. Bu alanda nasıl bir ilerleme kaydedildi? Bu tam olarak bilinmiyor. Ancak düşünce enerjisinin konsantrasyonuyla canlılar üzerinde olumlu ve olumsuz etkiler meydana getirilebildiği biliniyor. Örneğin Sovyetler'in ünlü telekinezi medyomu Ninel Kulagina'nın fiziksel maddeleri zininsel gücüyle hareket ettirdikten sonra, bir kurbağa üzerinde yapılan bir deneyde, kurbağanın kalbini durdurabildiği tüm dünyada duyulmuştu. Hatırlanacağı üzere canlı bir kurbağanın kalbini durdurmuş ve sonra tekrar çalıştırmıştı. Daha sonra Kulagina'dan hiç haber alınamamıştır. Sovyet yetkilileri Kulagina'nın daha sonra nasıl bir çalışmaya alındığı veya alınmadığıyla ilgili çelişkili bilgiler vermektedir.

Pentagon, kalp üzerinde yapılan deneylerin sürdüğünü ve hatta başka telekinezi medyomlarıyla bu çalışmaların genişletildiğini gösteren kanıtlara sahiptir. Bu kanıtlar; Kızıl Ordu ile KGB'nin gizli laboratuvarlarında, canlılara etki edebilen psi süjelerinin tecrit edilmiş vaziyette bulunduklarını göstermektedir. Raporda hayvanlar üzerindeki deneylerin sürdürüldüğü gibi insanlar üzerinde de deneylerin gerçekleştirildiği bildirilmektedir.

Söz konusu telekinezi medyomlarıyla gerçekleştirilen yoğun konsantrasyonun, belli bir hedefe yönlendirilmesi halinde büyük bir bomba etkisi yapabilmektedir. **CIA ajanları, Amerikan nükleer denizaltısı Thresher'in, 1963'de bu tarzda batırılmış olduğunu kesinlikle tesbit etmişlerdir.**

Başkan Reagan'ın üst düzey komutanları neyi öngörüyorlar? Eldeki kanıtlar ve raporlar acil önlemler alınması gerektiğini söylüyor. Bunun için Amerikan Parapsikoloji Laboratuvarları'ndan, Doğu'dan gelen psişik etkilere direnç oluşturmak üzere 34 telekinezi medyomu seçildi. Bu proje için önemli bir parasal kredi sağlandı. İkinci bir "medyom sağlama" programı da başlatılmıştır.

Resmen profesyonel medyomlara müracaat edilmiş durumdadır. Amerika'da çok ünlü olan "Görücü - Durugörü Medyomu" Bayan Zodiac, Sovyet denizaltılarının hareketlerini ve füze üstlerini para-

"ATATÜRK'ÜN KEHANETLERİ"

normal yetenekleriyle tesbit etmeye çalışmak için önemli bir aylık maaş almaktadır.

Bu haberi Yurdumuz'da Parapsikoloji'nin gerçekliğine hala kuşkuyla bakanların olduğunu bildiğim için kitabıma almak ihtiyacını hissettim. Biz hala Parapsikoloji üzerinde ciddi hiç bir çalışma yapmazken, dünya 1950'li yıllardan beri Parapsikoloji üzerinde her türlü çalışmayı sürdürmektedir. Hem de askeri ve siyasi alanlara bile...

Bazı şeylerde olduğu gibi bu alanda da biraz geç kaldığımızı düşünüyorum...

Neyse... Biz asıl konumuza geri dönelim ve Mustafa Kemal'in geleceği görme, telepati ve haberci rüyaları başta olmak üzere, O'nun parapsişik yeteneklerini tarihi kayıtların içinden bulup çıkartmaya çalışalım...

Atatürk geleceği görüyor muydu?

Bazı bilim adamlarına göre geleceği görme yeteneğinin merkezi, diansefal dediğimiz ve sempatik sinir sisteminin birleştiği beyin merkezindedir. Bu sinir sistemi, Merkezi Sinir Sistemi denilen ve vücut hareketlerini yani bilinçli hareketleri kontrol eden sinir sisteminden büsbütün başkadır. Bilginlere göre, Diansefal, beynin en eski, yani atalarımızda ilk olarak gelişen beyin kısmıdır. Belki de tarihten önceki insanın içgüdüleri ile hareket etmesini temin eden altıncı his, beynin bu merkezindeydi. Bu günkü hayatımızda merkezi sinir sistemimizin faaliyeti o kadar fazladır ki, "diensefal" altıncı hissi ortaya çıkarmıyor. Ancak belli sayıdaki kişilerde kendisini gösterebiliyor. Gelecekten haber alabilmek gibi yetenekler ise çok daha ender ortaya çıkıyor. Bu görüş eğer doğruysa, Atatürk, Cayce, Messing gibi duyarlı kişilerde beynin bu bölümünün daha faal olduğu düşünülebilir.

Beynin bu bölümünün altıncı his ile irtibatı tam olarak ne-

"GİRİŞ"

dir? Bunu şu anda kesin olarak bilemiyoruz. Ancak bildiğimiz tek bir gerçek varsa, o da, bazı kişilerin altıncı hislerinin son derece gelişmiş olduğudur.

Bazı kişilerin ESP türü yeteneklere karşı tepkilerinin inançsızlık olduğunu biliyorum. Burada benim amacım insandaki parapsikolojik yeteneklerin varlığını ispat etmek ya da açıklamak değildir. **Benim ileri sürdüğüm teori: Atatürk'ün yaşamında ve yaptığı işlerinde "geleceği bilme" gücünün olduğudur.** Bunu destekleyen çok sayıda kanıt vardır. O, bu gücünün faydasını, en çok Kurtuluş Savaşı sırasında görmüştür. Ben Atatürk'ün ilahi bir emirle gönderildiğine ve bu gücün de kendisine verildiğini kabul ediyorum. Bu görüşümü destekleyen bulgular da vardır.

Örneğin Muhiddin Arabi'nin gelecekle ilgili yazdığı kitabında, büyük bir ihtimalle Atatürk'ü kasteddiği düşünülen bir bölüm bulunmaktadır. Muhuddin Arabi şöyle diyor:

"Devleti Aliyye yıkılacak. Batıdan uzun boylu, mavi gözlü bir adam gelecek. Baktığı zaman karşısındaki insanı eritecek. Serbest Fırka kuracak. Adına da Serbest Cumhuriyet denilecek. Dünyaya milletini tanıtacak ve 15 sene hükümdarlık sürecek..."

Mustafa Kemal Atatürk'ü işaret eden ve yapacağı büyük işleri önceden bildiren kehanetler; O'nun gerçek anlamda *"vazifeli"* (özel bir görevle, özel olarak dünyaya gelen) bir şahsiyet olduğu görüşünü kuvvetlendirmektedir.

I. BÖLÜM

TARİHTEKİ AKIL ALMAZ YETENEKLER
ve
ÜNLÜ KAHİNLER

Babil'den yayılan haberler bir anda Akdeniz kıyılarındaki bütün ülkelere yayılmıştı... Ne oluyordu?...
Genç Pers Kralı Kyros (Keyhüsrev) Astyagesin Med İmparatorluğu'nu yıkmıştı. Lidya'nın zenginliği ile dillere destan olan hükümdarı Krezüs bunu öğrenince korktu. Çünkü fetih hırsıyla yanan ve savaşa iyice hazırlanmış Keyhüsrev'in bundan sonraki hedefinin kendi ülkesi olacağını tahmin ediyordu. Bunu önlemek amacıyla, gelişmekte olan Pers gücünü yok edip edemeyeceğini düşünmeye başladı. Ve bu konuda emin olmak amacıyla, Grek ülkesinde ve Libya'da bulunan kahinlere başvurmaya karar verdi. Ancak daha önce de bu kahinlerin güçlerini sınamak istedi. Adamlarına şöyle bir emir vererek yola çıkardı:

"*Adamlar yolculuğa başladıktan itibaren günlerini sayacaklar ve yüzüncü günde kahinlere başvurup, O anda Lidya Kralı'nın ne yaptığını soracaklar. Verilecek cevap aynen yazı-*

"ATATÜRK'ÜN KEHANETLERİ"

lacak ve kendisine getirilecek."
Dedikleri harfiyen uygulandı...

Elçiler yolculuklarını tamamlayıp tekrar Başkent'e döndüklerinde, Krezüs getirdikleri yazıları heyecanla okudu ve büyük bir hayal kırıklığına uğradı. Kahinlerin hiç biri ne yaptığını bilememişti. Ancak Delphi'ye gidenler dönüp de getirdikleri yazıyı görünce pek sevindi. Büyük bir heyecanla Veziri'ne: *"Gerçek kahin bu..."* diye haykırdı. O gün ne yaptığını Delphi'deki kahin bilmişti...

Kahine Pythia, cevabını manzum olarak vermişti:
"Kaplumbağa kokusu bu, bana kadar ulaşan. Zırha bürünmüş hayvan, kuzu etiyle birlikte. Tunçtan bir kabın içinde, kaynayıp duruyor. Tunç kuşatmış her bir yanını, hem üstünü hem altını."

Bu sözler gerçeği ta kendisiydi. Elçiler yola çıktıktan sonra Krezüs, kararlaştırılan günde kimsenin tahmin edemeyeceği bir şeyler yapmayı düşünmüş ve sonunda; bir kaplumbağa ile bir kuzu etini almış, ikisini birden kapağı sımsıkı kapalı bir tunç kabın içinde pişirmişti!...

Bu olay ünlü tarihçi Halikarnaslı Heradot'un kaleme aldığı satırlardan sizlere aktarılmıştır...

Apollon'un Delphi mabedi bir zamanlar büyük inisiyatik çalışmaların yapıldığı önemli bir merkezdi.(*) Heradot burada bulunan rahibe Pythia'nın bu esrarlı yeteneğini çok uzaklarda cereyan eden olayları görme kudreti olarak açıklamaktadır.

Bu tip olaylara tarihin her döneminde rastlanmıştır. Bu şaşırtıcı güçler, insandan ayrılmaz bir nitelikte görülüyor. Ayrıca insanın değişen yaşama ve düşünme alışkanlıklarından da pek etkilenmiyor. Maddesel ve zihinsel alandaki tüm gelişmelere rağmen, günümüzde de bu tür olaylar yaşanmaktadır. Şimdi eskiye oranla çok daha fazla önemle karşılanmaları, gü-

---

(*) Ayrıntılı bilgi için bknz: "GİZLİ SIRLAR ÖĞRETİSİ", Ergun Candan, SINIR ÖTESİ YAYINLARI

"ÜNLÜ KAHİNLER"

nümüz biliminin konuya el atmasından dolayıdır. Ortacağ'ın karanlıklarında, içine şeytan girdi diye yakılan kahin ve kahineler artık günümüz laboratuvarlarında araştırılmaya tabi tutulmaktadır.

Bu tür yeteneklerin eski devirlerde daha sık ortaya çıktığı da ayrı bir gerçek. Bunun sebepleriyle ilgili ayrıntılı araştırma yapmak isteyen okurlarıma Sınır Ötesi Yayınları'ndan çıkmış olan "Gizli Sırlar Öğretisi" adlı kitabı tavsiye ederim.

Günümüzde bu tür yeteneklerini kullanabilen insanların sayısı oldukça azalmıştır. Çünkü aradan geçen yıllar, insanları biraz daha maddeye gömmüş ve bunun sonucu olarak da sezgiler yerine, mantıksal çıkarımlar daha ön plana geçmiştir. Oysaki sezgilerin de kendisine has mantıksal bir açıklaması bulunmaktadır. İşte günümüz Parapsikolojisi'nin araştırdığı da budur...

GELECEKTEN HABER ALMAK UYKUDA DA OLABİLİR

John W. Dunne adlı bir İngiliz, gelecek ile ilgili olayların rüyalarda görülebilmesiyle ilgili araştırmalarıyla tanınmıştır. W. Dunne: *"İnsanlar geleceği görebilme gücüne acaba farkında olmadan sahip midir?"* diye sormaktadır. Acaba henüz olmamış fakat ileride olacak bazı olaylar bir an için gözümüzün önünden geçiyor ve biz bunu farketmiyor muyuz?

Geleceği önceden görebilmek meselesi yeni bir konu değildir... Asırlardan beri bazı sıradışı insanların kehanet gücüne sahip olduklarına inanılmıştır. Hatta inanışın da ötesinde, tarih içinde örnekleri de görülmüştür.

W. Dunne'nun hazırlayarak bilim adamlarına sunduğu raporda, rüyalarda gelecekten haber alınabileceğiyle ilgili kanıtları ortaya koymaya çalışmıştır.

John W. Dunne, İngiltere'nin ilk askeri uçağının planını-

"ATATÜRK'ÜN KEHANETLERİ"

çizen dünyaca tanınmış bir uçak mühendisidir.

1928'lerde yayınladığı *"Zamanla Bir Tecrübe"* adlı eserde, W. Dunne, geleceği görme sahasında yaptığı araştırmalarını açıklamıştır. O yıllarda bilimsel çevrelerden çok miktarda eleştiri almasına rağmen aynı zamanda birçok psikolog ve fizikçi için yeni araştırma sahaları açmıştır.

W. Dunne bir şeyi daha evvel görmüş olmak duygusunun, aynı deneyimin daha önce bir rüyada insanın başından geçmiş olabileceğini iddia etti. Kendisini bu araştırmalara sevkeden, görmüş olduğu bir rüyası olmuştur.

W. Dunne o rüyasında kendisini bir adadaki dağın yamacında görmüştü. Dağın üzerindeki çatlaklardan duman ve buhar sütunları yükseliyordu. Bu manzara karşısında: "Tanrım bütün dağ infilak edecek" diye bağırmaya başlamıştı. Rüyanın daha sonraki bölümünde W. Dunne kendisini başka bir adada bulmuştu. Ölüm tehlikesindeki adalıları taşıyarak gemiler aramakla meşguldü. Kendisine yardım etmeyen Fransızlar'la kavga ediyordu.

Bu rüyayı gördüğünde Afrika'nın tenha bir köşesinde bulunuyordu. Oraya gelen gazetelerde şu satırları okudu: *"Martinigue'deki yanardağı patlamasında 40.000'den fazla insanın öldüğü tahmin ediliyor..."* W. Dunne yazının geri kalan bölümünde patlamanın rüyasında gördüğü şekilde olduğunu okudu. Rüya gerçeğe uygundu... Bu olay üzerine uzun zaman düşünen W. Dunne, seneler sonra ikinci bir rüya gördü...

Bu rüyasında: "Yüksek demir parmaklıklarla çevrili iki tarlanın arasındaki yolda yürümekteydi. Aniden tarlanın birindeki bir at kişnemeye ve hiddetle tepinmeye başladı. Parmaklığa göz atan W. Dunne'nin içi rahatladı. Hayvan bunun üzerinden atlayamazdı. Fakat birkaç dakika sonra arkasında nal sesleri duyarak başını çevirdiğinde, azgın atın arkasından geldiğini gördü."

Ertesi gün mühendis kardeşi ile balığa çıkmıştı. Yolda giderken bir aralık kardeşine: *"Şu ata bak"* diye haykırdı. Etrafına bakındığında, rüyasında gördüğü yerde atın durduğunu

"ÜNLÜ KAHİNLER"

hayretler içinde farketti. Yüksek parmaklığın arkasında da rüyasında olduğu gibi bir at çılgınca tepinmekle meşguldü. W. Dunne: *"Her şey rüyamdaki gibi olacak değil ya... Bu atın parmaklığı aşabileceğini zannetmiyorum"* dedi. Fakat daha sözlerini bitirmemişti ki, at, parmaklığın üzerinden atladığı gibi üzerlerine saldırdı. İki kardeş zar zor kaçarak kendilerini kurtarabildiler.

Bu olay W. Dunne'i çok etkilemişti. Atın saldırması değil, rüyasının gerçekleşmesi onu oldukça rahatsız etmişti...

W. Dunne bu türden rüyalar görmeye devam etti. Rüyalarda şaşılacak bir şey yoktu... Şaşılacak olan bu rüyaların gerçekleşmekte olduğuydu!... W. Dunne ilk önceleri geleceğe ait olayları görme duyusunun yalnız kendisine ait olduğunu zannediyordu... Ama bu tip olaylarla karşılaşan arkadaşlarını dinledikten sonra, bu olaylarla karşılaşan çok sayıda kişinin bulunduğunu farketti. Bu da onu araştırmaya ve olayın ardındaki gizemi çözebilmek için büyük bir çabaya yöneltti.

İlk araştırmaları, insanın geleceği görmesine engel olan şeyin uykuda bazı şartlar altında ortadan kalkabildiği gerçeğiyle karşılaşmasını sağladı. Fakat herkes bu şekilde geleceği göremiyordu. Kaldı ki birçok kişi uykudan uyandıktan sonra rüyalarını unutuyordu. Bu da ayrı bir sorundu. Belki de birçok kişi gelecekle ilgili bilgiler almakta fakat daha sonra uyanınca bunu unutmaktaydılar...

W. Dunne çalışamalarını sürdürürken rüyalarını unutmamak için kağıdını kalemini yatağın kenarında bulunduruyor ve gördüğü rüyaların tümünü uyandıktan sonra derhal not ediyordu. Tanıdıklarına da, rüyalarını bu şekilde kaydetmelerini söylüyordu.

Oxford Üniversitesi'nin öğrencileri arasında yapılan bu tip deneyler; şaşırtıcı sonuçlar verdi. Geleceğe ait rüyaların geçmişe ait olanlardan çok daha fazla olduğu ortaya çıktı!...

"Zamanla Bir Tecrübe" adlı eserini bu araştırmalara daya-

"ATATÜRK'ÜN KEHANETLERİ"

narak yazdı. W. Dunne daha sonraları, rüyaların geleceği öğrenmek için tek yol olmadığına karar verdi. Çok geçmeden uyanıkken de geleceğe ait bazı kehanetlerde bulunabildiğini keşfetti. Örneğin bazen hiç okumadığı bir kitabı eline alarak bunun içindeki olaylardan bahsedebiliyordu.

W. Dunne gördüğü rüyaların gerçekleşmesinden çok etkileniyordu. Bu olaylar, kendisine görünmeyen bir alemin görünmeyen bazı prensiplerini görünür kılıyordu. **Ve sonunda insanın içinde büyük bir sırrın saklı olduğu gerçeğini kabul etti.** Yaşamı boyunca çok sayıda insanın haberci rüyaları ile ilgili geniş bir araştırma yapan W. Dunne, özellikle kendisine anlatılan rüyaların içlerinden birkaç tanesini hiç ama hiç unutamadığını ifade etmiştir...

Yapılan araştırmalar, **"haberci rüyalar"** sınıfına giren rüya türlerinin, sıkca yaşandığını göstermektedir. Şimdi size benim başımdan geçen bir örneği aktarmak istiyorum:

"1980 yılının Aralık Ayı'nın ortalarında bir geceydi... Rüyamda sokaktaki bir İş Merkezi'ne giriyordum. Merdivenlerden çıkmaya başladım... 10'ar basamaklı kısa merdiveleri çıktıktan sonra bir koridora girdim. Koridorda ilerlemeye başladım. Gireceğim büroda 6000 TL. ödeyecekmişim. Bu, babamla ilgili bir kayıt parasıymış. Elimdeki paradan 100 TL. geriye vereceklermiş. Tam gireceğim büronun önüne geldiğim sırada, açık kapıdan bir ses duydum. Kapıdan içeri girerken masada oturan adam karşısındaki kadına ve yanındaki beye şunları söylüyordu: 'Terörist Mehmet Ali Ağca Papa'yı vurdu...' Ben hiç bir şey olmamış gibi büro sahibi olan akrabam Ulvi Günpınar'ı sordum. Masadaki adam ben onun ortağıyım dedi. O zaman parayı size bırakayım, siz de bana parayı aldığınıza dair makbuz verirsiniz dedim. Parayı masının karşısında oturan kadın aldı ve saydı. Sonra da 100 TL. geriye iade etti. Makbuzu adamdan alarak bürodan çıktım... Rüyam bu şekilde bitiyordu... O anda hiç bir anlam verememiştim. Ancak uyanınca rü-

"ÜNLÜ KAHİNLER"

yayı unutmadım. Çok etkilenmiştim. Aradan aylar geçti. Mayıs Ayı'na gelmiştik... Babamın bir kayıt işini halletmek üzere Bakırköy'e akrabam Ulvi Günpınar'ın bürosuna gitmek üzere yola çıktığımda 14 Mayıs 1981'di... Bir gün önce Terörist Mehmet Ali Ağca, Papayı vurmuş ve rüyam gerçekleşmişti... Türkiye bu haberle çalkalanıyordu. Gideceğim büronun adresi elimdeydi. Daha önce hiç gitmemiştim. Trenle Bakırköy'e gittim. Adresi buldum. İş merkezlerinin yoğun olduğu bir sokaktı. Aradığım iş hanının kapısından içeri girerken aklıma aylar önce gördüğüm rüya geldi. Her anıyla aynı olayları yaşıyordum. Tüylerim ürperdi... Her şeyi ayrıntılarıyla hatırlamaya başladım... Koridorda yürürken neler duyacağımı ve içerde kimleri göreceğimi biliyordum. Çok garip bir duyguydu... Rüyamdaki gibi bir kapıdan içeri girerken adam: 'Ağca Papa'yı vurdu' dedi. Parayı kadın aldı. Saydıktan sonra 100 TL'yi bana geri iade etti. Masadaki adam makbuz verdi ve kapıdan çıktım. Rüyamın her karesi gerçekleşmişti..." (*)

UYUYAN KAHİN: EDGAR CAYCE

Birçok ünlü ve başarılı kahin, kehanetlerini uykularında rüya kanalıyla ya da derin bir konsantrasyonla sağladıkları trans durumlarında söylemişlerdir. Sanırım her ikisinin de ortak özelliği, bir gevşeme halinin oluşmasına imkan vermesiydi. Özel şartlarla yerine getirilen konsantrasyon ve trans hali belki de uykuda iken kendiliğinden sağlanıyordu... Nitekim yapılan günümüz Parapsikoloji araştırmaları bu görüşü desteklemektedir.

Trans haline geçerek kehanetlerini söyleyebilenlerden biri

(*) Gerçekleşen "Haberci Rüyalar" ile ilgili Türkiye'de yapılan ilk araştırma, Ağustos 1998'de, Araştırmacı Berrin Türkoğlu tarafından "Tekrar Doğanlar" adlı kitapta kaleme alınmış ve SINIR ÖTESİ YAYINLARI tarafından yayınlanmıştır.

"ATATÜRK'ÜN KEHANETLERİ"

de, dünyaca tanınmış kahin Edgar Cayce'dir. Kendisinin günümüze dek gerçekleşmiş ve gerçekleşmeyi bekleyen çok sayıda kehaneti bulunmaktadır. Kehanetlerini uykuya benzer bir tarans hali içinde söylediği için, kendisine "uyuyan kahin" lakabı verilmiştir.

Edgar Cayce, Trans halindeyken geçmiş ve gelecekle ilgili bütün soruları rahatlıkla yanıtlıyor; geçmişten ve gelecekten haberler verebiliyordu. Uyandığı zaman bunların hiç birini hatırlayamaması da konuyu daha ilginç bir hale getiriyordu. Bu da, onun gerçek anlamda bir transa girdiğinin en büyük göstergesiydi...

Edgar Cayce 1901-1945 yılları arasında transa girerek çok sayıda kehanetlerde bulundu. Buları toplayıp arşivleyen ARE Derneği (Association for Research and Englightenment, Virginia Beach) kayıtlarında tuttuğu Edgar Cayce'nin çok sayıdaki kehanetiyle ilgili çalışmalarına günümüzde halen devam etmektedir.

I. Dünya Savaşı bittiğinde Edgar Cayce şöyle diyordu:

"Eğer Versay Konferansı başarılı geçerse, dünya barış dolu bir bin yıl geçirecektir. Eğer başarısız olursa; insanlık 1940 yılında ikinci ve çok daha dehşetli bir savaşa sürüklenecektir."

Edgar Cayce'nin gerçekleşen çok sayıdaki kehanetlerinden işte sadece birkaç tanesi:

Wall Street'in iflasını ve Ekonomik bunalımı, Hindistan'ın bağımsızlığını kazanmasını, Hitler'in düşüşünü, Sovyetler Birliği'nin güçleneceğini, Amerikan Başkanları'ndan Kennedy'nin görevi sırasında öldürüleceğini, Lazer ışınlarının kullanılacağını, Bimini yakınlarında tarih öncesi devirlerle ilgili (Atlantis) kalıntıların bulunacağını çok önceden söylemiştir.

Gerçekleşen ve gerçekleşmeyi bekleyen kehanetleri arasında yeryüzündeki depremlerle ilgili açıklamaları da bulunmaktadır.

"ÜNLÜ KAHİNLER"

Japonya'nın büyük bir bölümünün suya gömülmesi, San Francisco ve Los Angeles şehirlerinin depremler sonucu tamamen yerle bir olacağı, daha sonra New York'un yıkılacağı, Atlantik Okyanusu'nda kıtaların yer değiştirmesi ve jeolojik diğer değişimlerle birlikte Batık Ülke Atlantis'in yeniden suların üstüne çıkacağı ve böylelikle tarihin geçmiş dönemlerindeki birçok gizemin aydınlanacağı; gerçekleşmesi beklenen ciltler dolusu kehanetlerinden yine sadece birkaç tanesidir.

Atlantis henüz suların üstüne çıkmadı ama suların altında olduğu ve aynen Edgar Cayce'nin söylemiş olduğu yerde bulunduğu geçtiğimiz yıllarda ispat edildi. Edgar Cayce 1940 yılında yine bir trans halindeyken: *"Poseidia Atlantis'in yükselecek ilk kısımlarında yer alacaktır"* diyordu. 1933 yılında ise, Atlantis'in yeniden keşfedileceğini söylerken, Poseida'nın Florida açıklarında Bimini'nin yakınlarında olduğunu ileri sürüyordu. Yıllar sonra Edgar Cayce'nin yine yanılmadığı ortaya çıktı. Bimini bölgesinde araştırmalar yapan Dr. J. Manson, Jack Mayol ve Harold Climo 1968 yılında Okyanus'un altında yeralan; taşlardan yapılmış yollar, büyük bir duvar ve yapılar keşfettiler. Bimini Duvarı olarak dünyaya duyurulan bu haber yine Edgar Cayce'nin hatırlanmasına sebebiyet vermişti...

Edgar Cayce bu yüzyılın sonuna doğru insanlığın aydınlanacağını ve büyük bir spiritüel uyanışa kavuşacağını da ileri sürmüş, eşine çok ender rastlanan kahinlerdir biridir.

Gerçekleşmiş olan kehanetlerini biliyoruz... Gerçekleşeceğini söylediği kehanetlerini ise tüm dünyaca bekliyoruz..

BİLİMADAMLARININ KONTROLÜNDE GERÇEKLEŞTİRİLEN İNANILMAZ DENEYLER...

Geleceği görme olayları 20. Yüzyıl içinde de halen varlığını sürdürmektedir. 20. Yüzyıl'ın ilerleyen bilimi, özellikle son 50 yıldır bu konuya özel bir ilgi göstermeye başlamıştır. 20.

"ATATÜRK'ÜN KEHANETLERİ"

Yüzyıl'ın başlarından itibaren gelecekten haber veren çok sayıda kişi, bu yetenekleri ile bilimadamlarını şaşırtmışlardır. Böylelikle bilim kendisine yeni alanların açılmakta olduğunu farketmiş ve sınırlarını daha ötelere doğru genişletmek zorunda kalmıştır.

Geleceği görme konusunda yetenekli çok sayıda kişiyle laboratuvar şartlarında bilimsel çalışmalar yapılmış ve inanılmaz sonuçlar alınmıştır.

1970'lerde Batı Avrupa'da Parapsikologlar, "gelecek kestirme" deneyleri yapma imkanı buldular. Bu uzun ve zorlu çalışmaların bilimsel alandaki ilk sonuçlarıydı... Duyular Dışı Algılamaları oldukça gelişmiş olan Hollandalı Gerard Croiset ile bilimsel çevreler yakından ilgilenmişti. Bunların arasında özellikle Prof. W.H.C. Tenhaeff ve Dr. Osty geliyordu. Bilimadamlarının Croiset ile yaptıkları 200 deneyde % 80 gibi yüksek bir başarı oranı elde edilmişti. Daha sonraları bu deneyler Almanya, İsrail ve Amerika'da başka bilimadamlarınca da gerçekleştirilmiştir. Bu sonuçlar, nasıl olduğu tam olarak açıklanamasa da, çok sayıdaki bilimadamına, geleceğin bilinebileceğine kanıt teşkil etmiştir.

Neydi bu yapılan deneyler?

... O gün Profesör Tenhaef, Utrecht Parapsikoloji Enstitüsü'nde Croiset'e bir toplantı salonunun planını göstermişti. Salonda numaralı olan 30 koltuk bulunuyordu. Croiset'ten bunlardan birini seçmesini ve 1 Şubat 1957 tarihinde yapılacak toplantıda, o koltuğa oturacak kişiyi tarif etmesini istedi. Croiset 9 numaralı koltuğu seçti. Daha sonra da transa girerek, 1 Şubat 1957 günü o koltuğa oturacak kişiyi tasvir etmeye başladı. Bir teyp çalışıyor, Croiset de trans halinde aldığı izlenimleri mikrofona aktarıyordu...

İlk olarak bu koltuğa oturacak kişinin bir kadın olduğunu söyledi. Ufak tefek, hareketli, hanım hanımcık, orta yaşlı bir bayan olacak diye ilave ettikten sonra kadın ile ilgili inanıl-

"ÜNLÜ KAHİNLER"

maz bilgiler sıralamaya başladı: *"...Bu kadın çocukları çok seviyor... 1928-1930 tarihleri arasında Schveningen kasabasında bir olaya tanık olmuş. 45 yaşlarında bir adam bir bayanla tartışmıştı... İkisi de birbirlerini başkalarıyla ilişki kurmakla suçlamıştı... Bu kadın aynı zamanda üç çocuk annesi... Bunlardan biri İngiltere'ye ait bir Uzakdoğu ülkesinde yaşıyor... Bu bayan 40 yaşlarında bir yakını ile seks konusunda konuşmuş ve ona bir psikiyatriste başvurmasını öğütlemiş... Hayatında dinlediği ilk opera Verdin'in Falstaff operasıydı... Bu operadan çok etkilenmişti..."* Bu inanılması son derece güç ayrıntıları sıraladıktan sonra Croiset; bu bayanın küçük kızayla birlikte 1 Şubat günü dişçiye gideceğini de ifade ederek sözlerini tamamladı.

Deneye katılan profesörler ve çok sayıdaki diğer bilimadamları bu ayrıntılı bilgiler karşısında büyük bir merakla deneyin ikinci kısmının gerçekleştirileceği günü beklemeye başladılar. Deneye büyük bir önem veriliyordu. Her türlü ihtimale karşı Croiset deney gününe kadar başka bir kente götürülerek hiç kimseyle görüşmemesi sağlandı.

Deney günü rast gele 30 kişi toplantı salonuna davet edildi. Her gelen rastgele bir zarf alarak oturacağı koltuk numarasını belirliyordu. Zarfların hepsi mühürlüydü. Zarfı açan numaraya göre koltuğa oturuyordu. Bütün davetliler yerlerini aldıkta sonra bir asistan Croiset'i almaya gitti. Bu arada 9 numaralı koltuğa bir bayanın oturduğunu gören Prof. Tenhaeff, bir an için basit bir tesadüf olabilir mi acaba diye düşündü. Ancak kadın gerçekten de orta yaşlıydı...

Bilimadamlarından oluşan Jüri önce kadının yaşını sordu. Kadın 42 yaşında olduğunu söyledi. Daha sonra Croiset'in teybe aktardığı bilgilerle ilgili sorulara geçildi. Bunlar son derece özel ayrıntılardı. İnanılmaz bir şekilde kadının anlattıklarıyla Croiset'in söyledikleri tıpa tıp birbirini tutuyordu!... Gerçekten de çocuklara bir hayli düşkündü. Büyük oğlu İngiliz Ordusu'nda görevliydi ve halen Singapur'da bulunuyordu.

"ATATÜRK'ÜN KEHANETLERİ"

Scheveningen'de gerçekten bir kadınla bir adamın tartışmasına şahit olmuştu. Bu tartışanlar annesi ve babasıydı. Evlilik dışı ilişkiler kurdukları yüzünden tartışmışlar ve boşanmışlardı. Seks konusunda birisiyle konuştuğu da doğruydu... Kadının ilk dinlediği opera Falstaff operasıydı ve bundan çok etkilendiğini ifade ediyordu... Ayrıca kendisinin bu toplantıya katılmadan iki saat önce küçük kızıyla birlikte dişçiye gittiklerini söylüyorlardı!...

İşte bu yöntemle Croiset ile gerçekleştirilen tam 200 denemede % 80 gibi inanılmaz bir başarı elde edilmiştir.

Croiset ile yapılan bu deneylere çok sayıda bilimadamı katılmış ve deneylerdeki sonuçlara bizzat onlar da şahit olmuşlardır. Daha sonraları birçok bilimsel makalede bu araştırmaların sonuçları yayınlanmış ve geniş yankılar uyandırmıştır.

1968 yılında Colorado Üniversitesi'nden Dr. Julie Einsenbud'un yaptırdığı Atlantik aşırı denemenin başarıyla sonuçlanması ise Croiset'in ününü dünyaya duyurdu. Yapılan deneyde Hollanda'nın Utrecht şehrinde bulunan Croiset, ABD'ndeki Denver Şehri'nde yapılacak bir toplantıya katılacak olanlardan yine aynı yönemle; rast gele zarf çekimi yapılarak belirlenen yere kimin oturacağını önceden söyleyebilmişti.

Çok sayıda bilimadamının katıldığı bu deneyin de, hem de arada büyük bir mesafe olmasına rağmen başarıyla sonuçlanmasından sonra herkes aynı soruyu sormaya başladı: Kimdir bu Croiset?...

Gerard Croiset bir falcı değildi... Onu inceleyen bilimadamları şu sonuca vardılar: *"Altıncı hissin mevcudiyetini bu kadar açık olarak ispat eden birine, bu güne kadar rastlanmamıştır..."* Onu kelimenin tam anlamıyla söyleyecek olursak; mikroskop altında incelemişlerdir.

Croiset ile ilgilenenler arasında Freud ve Psikanaliz'in kurucusu Carl Jung da bulunuyordu. Yaptığı incelemelerden sonra Jung şu açıklamada bulunmuştur:

"ÜNLÜ KAHİNLER"

"Yapılan araştırmalar neticesinde Gerad Croiset için, zaman ve mekan sınırı diye bir şeyin mevcut olmadığını söyleyebiliriz."

Croiset biraz kilolu olmakla beraber son derece hareketli ve çevik bir yapıya sahipti. Bunu sporla uğraşmasına borçluydu.

Bu mucize insanla, o yıllarda basın da yakından ilgileniyordu...

Kendisiyle röportaj yapan "Müncher İllustrierte" muhabiri de, diğer meslektaşları gibi olayın ardındaki sırrı ortaya çıkartmaya çalışıyordu:

– "Gördüm kelimesini çok sık kullanıyorsunuz. Bu nasıl oluyor? Açıklayabilir misiniz?"

– *"Gerçekten görüyorum..."*

Elini alnına vurarak...

– *"İşte buradan görüyorum..."*

– "Görebilmek için gözlerinizi kapamanız lazım mı?"

– *"Her zaman değil... Bazen görüntüler sinema şeridi gibi birden canlanıveriyor. Bazen görüntüler silik oluyor. O zaman anlaşılmaları güçleşiyor. Bazen de iyice görebilmeme imkan verecek tarzda net oluyorlar..."*

Son derece gelişmiş "Durugörü" yeteneğine sahip olduğunu anladığımız Croiset, özellikle yorgun olduğu anlarda daha kolay imajlar geldiğinden söz etmektedir. Bu da, yorgunluk gibi hallerde, gevşeme durumuna daha kolay geçilebileceği ile ilgili teknik bir ayrıntıydı...

Müncher İllustrierte muhabiriyle yaptığı görüşmeyi şu sözlerle noktalamıştır:

– *"Kendimde geleceği değiştirmeye sahip insanüstü bir güç görmüyorum. Tanrı'nın yarattığı bazı kanunlar vardır. Bu kanunlara karşı gelinmez. Eğer Tanrı bu gücü bazı kişilere veriyorsa, O'nun sınırsız kudretinin bir eseridir..."*

Utrecht Üniversitesi Parapsikoloji Enstitüsü'nde Croiset'i

"ATATÜRK'ÜN KEHANETLERİ"

inceleyen Profesörlerden Tenhaeff, kendilerine yapılan birçok hücumlara rağmen, *"Bilinçaltı Sezişler"* teorisine bu deneylerin kuvvetli bir delil teşkil ettiğini ısrarla savunmuştur.Bu gün dünyanın dört bir köşesinde bu teori üzerine halen araştırmalar sürdürülmekte ve çok sayıda bilimadamı, bu teorinin gerçekliliği yönünde araştırma bulguları ortaya koymaktadır.

Croiset ile ilgili yapılan bilimsel deneylerle ilgili Müncher İllustrierte muhabirinin sorularını da cevaplayan Tenhaeff şunları söylemiştir:

– *"Kendisini 1938 yılında tanıdım. O zaman "hassas bir kişi" olarak oldukça tanınmaya başlamıştı. Ancak Hollanda'da bu tip kişiler oldukça fazladır. İlk başta fazla önemsememiştim. 1945 yılında gördüğüm zaman o kadar gücü artmıştı ki, tecrübelerini bilimsel açıdan incelemek ihtiyacı duydum. Croiset bana göre devrimizin en hassas kişilerinden biridir..."*

Muhabirin bu olayları bilimsel olarak nasıl değerlendiriyorsunuz diye sorması üzerine ise şöyle demiştir:

– *"Bakın... Benim kendi araştırmalarıma göre gelecekteki olaylara ait rüyalar zannedildiğinden fazladır. Croiset, algılayabilme bakımından diğerlerinden çok daha üstün kabiliyettedir. Rüyalar dışında da gelecekten bilgi verebilmektedir. İster polis tarafından, ister doğrudan doğruya kayıp kimselerin ailesi tarafından yardım istensin, Croiset hemen acele acele tarifini yapabilmektedir. Sokakları anlatır. Binaları ve arazileri tesbit eder."*

Çok sayıda kayıp kişinin bulunmasında yardımcı olan Croiset'in bu yeteneği, Klasik Psikoloji'nin açıklamalarıyla cevaplanamamaktadır. Bu gerçekten hareket eden Yurdışı'ndaki çok sayıdaki Psikolog, Klasik Psikoloji'nin sınırlarını aşmak zorunluluğunu çok uzun yıllar önce hissetmişler ve o yöndeki araştırmalara ağırlık vermişlerdir. Çünkü Klasik Psikoloji'nin bilinçaltı veya bilinç ötesi hakkında bildiği ve ileri sürdüğü kuramlar bu tür olaylarda eksik kalmaktadır.

"ÜNLÜ KAHİNLER"
MICHEL NOSTRADAMUS VE KEHANETLERİ

Alman yazar Kurt Allgeier, Nostradamus ile ilgili kitabında onu çağın en büyük astroloğu olarak tanımlarken, onun aynı zamanda bir hekim olduğu gerçeğini de ön plana çıkartmıştır. O, birçok yorumcunun aksine, Nostradamus'u dünyanın sonunu haber veren bir kıyamet tellalcısı olarak değil, insanların yeniden dirliğe ve düzenliğe kavuşmaları olasılığının bulunduğunu müjdeleyen bir kahin olarak tanımlar.

Kurt Allgeier'in bu tanımlaması Nostradamus'un hayatını konu alan filmle de uyuşmaktadır. Hayatını konu alan film, kendisinin gizli yönlerini tüm açıklığıyla ortaya koyması bakımından önem taşır. Gelecekle ilgili kehanetlerini nasıl duru görü yeteneğini kulanarak aldığını film çok güzel gözler önüne sermiştir.

Kehanet olgusunu bilim dışı ve çağın gerisinde batıl bir inanç olarak gören ön yargıya verilen en güzel cevaplardan biri, Kurt Allgeier'in tanımlamaları ve açıklamalarıdır.

Kimine göre büyük bir şarlatan, kimilerine göre ise dünya tarihinin gelmiş geçmiş en büyük dehalarından biridir Nostradamus...

Yüzyıllar boyunca belirli bir geleneğe bağlı kalan Fransız Kralları, gelecekten haber veren bu kahinin Provence'deki mezarını bizzat ziyaret etmişlerdir. Nostradamus, yaptığı çalışmalarla *"kahin ve astrolog"* ünvanına sahip olup da, kilise toprağına gömülen tek kişidir. Çünkü aynı iddiada bulunan arkadaşlarının bir çoğu, kilise tarafından büyücülükle suçlanarak yakılmışlardır...

Yüzyıllara damgasını vuran bu kişi kimdir?...

Babası İsaşar adlı bir Yahudi kabilesinden gelmiştir. Söz konusu kabilede; Eski Ahid'de anlatılan birçok peygamberin yetiştirilmesi de bir başka ilginç ayrıntıdır...

14 Aralık 1503'de Saint-Remy'de doğdu, 2 Temmuz 1566'da öldü. Ailesi Yahudi kökenli olmasına rağmen, o daha

"ATATÜRK'ÜN KEHANETLERİ"

sonra din değiştirerek katolik olmuştu. Genç Nostradamus klasik dil ve edebiyat öğrenimini tamamladıktan sonra Avignon'dan ayrıldı. Tıp okumak için 1522'de Montpellier'e gitti. 1525 yılında Montpellier Yüksek Okulu'na geçmiş, veba salgını çıkınca, hocaları ve öğrenciler kenti terk etmişti. Ancak o kentte kalarak veba salgını ile mücadele etmeyi seçmişti. Özel bir antibiyotik bularak kentte insanların birçoğunu kurtarmayı başardı. Bu, onu bir halk kahramanı yaptı. 1529 yılında doktorluk sınavlarını vererek diplomasını aldı. 1530 yılında profesör olduktan sonra görevinden ayrılarak Ager Şehri'ne gitti. Karısı ve çocukları çıkan bir salgında ölünce, muayenehanesini kapatıp 10 yıl boyunca Sicilya - İtalya arasında dolaştı. Sonunda Salon'a yerleşti. 1544 yılında yine salgın hastalıklarla uğraştı.

1546-1548 yılları arasıda Aix Kenti doktoru olarak Veba'ya karşı başarılı bir mücadele verir. Salgının önlenmesinde büyük bir başarı kazanır. Sonunda ünü Paris Kralı'na kadar uzanır.

1556'da II. Henri, tıbbi danışmanlığından yararlanmak üzere onu Paris'e çağırdı. Gerçekte Kraliçe Catherine de Medici oğullarının geleceklerini öğrenmek istiyordu.

Nostradamus geleceğe ilişkin birtakım vizyonlar görmeye başlamıştı. Ancak onun tarihe geçen ilk kehaneti Kraliçe Catherine'ye söyledikleridir. Kraliçe'ye şöyle demiştir:

"Günü gelince üçü de aynı tahta oturacak..."

Kral II. Henri için de şunları söylemiştir:

"Genç aslan çayırlar üstünde teke tek yaşlısını yenecek. Altından bir kafes içindeki gözünü delecek. Onun acılı bir can çekişmesi ile ölmesi için iki yara açacak..."

Kehaneti 1559 yılında gerçekleşti... Olay Margarete ile Savoye Dükası'nın düğününde meydana geldi: Düğün şerefine düzenlenen yarışmalarda Kral, genç Montgomery Dükü ile mızrak vuruşması yarışmasına katıldı ve korkunç bir kaza ol-

"ÜNLÜ KAHİNLER"

du. İngiliz'in mızrağı, Kral'ın altın miğferindeki tel örgü siperliği delerek gözüne saplandı!... II. Henri aldığı bu yara ile yaşamını yitirdi! Kehanet gerçekleşmişti!....

Nostradamus'un gerçekleşmeye başlayan kehanetleri birbirini takip etmeye başladı... Preslerin ölümleri, Fransa'da çıkan karışıklıklar, hep onun tarif ettiği şekilde meydana gelmeye başlamıştı.

Kehanetlerinin birbiri arkasına gerçekleşmeye başlaması bu konudaki ününü arttırdı. Gelecekle ilgili vizyonlar gören Nostradamus, bu bilgileri insanlara açık bir şekilde vermenin uygun olmadığını farketti ve belli bir süre sonra, gelecekle ilgili kehanetlerini, belli bir şifreli dil kullanarak üstü örtülü bir şekilde insanlara aktarmaya başladı. 1555'de, daha sonraları tüm dünyada geniş yankılara sebebiyet verecek olan kehanetlerini, dörtlükler halinde yazmaya başladı.

Bu kehanetleri ilk olarak "Lyon da Vrayes Centuries et Propheties" adı ile yayınlandı. Kitap yazarına çok büyük bir ün sağladı. Kitapda 1555'den 3797 yılına kadar geniş bir zaman dilimi içinde dünyada olacak önemli olaylarla ilgili Nostradamus'un kehanetleri bulunuyordu...

Nostradamus'un şifreli bir dil kullanmasından dolayı, kehanetler önceden pek anlaşılır özellikte değildi. Ancak kehanetteki söz konusu olaylar gerçekleşmeye başlayınca, kehanetin dili çözülebiliyordu. Zaten Nostradamus da kasıtlı olarak kehanetlerini bu şekilde şifrelendirmişti... Kısa bir süre sonra kehanetlerin gerçekleşmekte olduğu farkedildi.

Örneğin: Londra Yangını, Cromvel'in Kralı idam ettirmesi, Fransız Devrimi, 16. Louis'in ve Maria Antuanet'in idamları, Alman - Fransız Savaşı, I. ve II. Dünya Savaşları, Hitler, Musolini, Churcil gibi liderlerin yaptıkları işleri, çağımızdaki buluşları, füzeleri, uçakları, denizaltıları, Aya Yolculukları, Yahudiler'in İsrail Devleti'ni kuracaklarını ve daha birçok siyasal olayları şifreli bir dil kullanarak yüzyılların ötesinden insanlığa bildirmiştir...

"ATATÜRK'ÜN KEHANETLERİ"

1555 yılında, 3797 yılına kadar olacak olaylardan bahsedebilmesi onun kehanet gücünün büyük bir göstergesidir. Kilise tarafından suçlanmamak için meydana gelecek bazı olayları, tarih sırasını değiştirmek zorunda kalmıştır. Çünkü kiliseyi yakından ilgilendiren ve kilisenin işine gelmeyen bazı gelişmelerden de kehanetlerinde bahsediyordu... Bunların başında Papalığın yıkılacağından söz eden kehanetleri bulunmaktaydı. Nitekim ölümünden sonra kehanetlerini içeren kitap, kilise tarafından zaman zaman yasaklanmıştır.

Nostradamus, kehanetlerinin ancak günü gelince anlaşılacağını; yine bizzat kendi yazdığı bir mısrada söylüyordu:

"Geleceğin neler getirdiğini keşfedip saklayarak, büyük hükümdarların yaşantılarında...
Merak hiç bir şey söylemeyen, bir işkence sehpası...
Her şey uzun bir sıra halinde dizilmiştir...
İnsan onu ancak günü gelince öğrenecektir..."

Bazı yazılarından anlaşıldığına göre, Nostradamus doktorluk yaparken, teşhis ve tedavilerinde bir çeşit sezgi veya iç ses diyebileceğimiz bir yeteneğinden yararlanmakta ve bu yeteneği, o devrin birçok ders kitabından daha fazla işine yaramaktaydı. Onun tıp konusundaki yeni buluşlarına devrin otoriteleri ilk başta şiddetle karşı çıkmışlarsa da, salgın hastalıkları bu sezgisel gücüyle bulduğu yeni ilaçlarla durdurma konusundaki başarısı karşısında, herkes susmak zorunda kalmıştır.

İçten gelen ses...

Tarihin çeşitli dönemlerinde yaşamış ünlü düşünürlerin de hep ifade ettiği bu mesele burada da karşımıza çıkıyor... Tıpkı Sokrat'ın "Daimonion"u, Atatürk'ün ESP gücü gibi, bunlar içten gelen sestir... Peki nedir bu içten gelen ses? Veya sezgi?... Doğal bir yetenek mi? Tanrısal bir güç mü? İşte günümüzde Yurtdışı'nda bilimsel anlamda araştırma yapan Parapsikoloji

"ÜNLÜ KAHİNLER"

buna bir cevap aramakta, buna çözüm getirmeye çalışmaktadır. Duyular Dışı Algılamalar'ın özel metotlarla geliştirilebileceği artık günümüzde kesin olarak bilinmektedir. Nitekim, Nostradamus'un da bu gücünü ortaya çıkartabilmek için büyük bir çaba harcadığı bilinmektedir. (*) Bu amaç uğruna çok çaba sarfetmiş hatta bazı majik yöntemlere dahi başvurduğunu yine bizzat kendisi yazılarında belirtmiştir.

Elisabeth Belecour, *"Nostradamus Tarihi"* adlı kitabında, onun kehanetlerinin kökenini gizemli Eski Mısır ve Mezopotamya uygaralıklarının kültürlerine bağlar.

Kehanetleri sağlayıcı görüntüleri alabilmek için Nostradamus'un bir dizi majik deney ve uygulamalara girdiğini en açık bir şekilde oğlu Sezar'a bıraktığı yazılardan anlıyoruz. O devirde simyacıların kullandıklarına benzer bir takım deneylerden söz eder ve sonunda bu seanslar bittiğinde aşırı bedensel ve ruhsal yüklemelerle dolduğunu anlatmaktadır.

Nostradamus ayrıca, başka tür eski bilgilerden de yararlanmıştır. Bunların başında, kozmosdan gelen enerjilerin ve tesirlerin dünya üzerindeki etkilerini inceleyen, kadim astroloji bilimi gelir. Bir zamanlar büyük bir sır olarak saklanan bu bilgiler zamanla dejenere olmuş ve günümüzde aslı astarı olmayan fallara ve astroloji yorumlarına dönüşmüştür. Günümüzdeki dejenere olmuş halini bir kenara bırakırsak, Nostradamus'un bu sırrları bir yerlerden öğrenmiş olduğunu söyleyebiliriz. Mevcut kanıtlar bunu gösteriyor. Nostradamus'un kullandığı astroloji, Judicelle Astrolojisi olup, bu yöntem Ortaçağ'ın Hristiyan Teoloğu Thomas Von Aguin (1225-1274) tarafından geliştirilerek yüzyıllarca resmi görüş olarak benimsenmiş

(*) Parapsikolojik Yetenekler'in ortaya çıkartılmasında kullanılan pratik uygulamaya yönelik son yöntemler, çok yakında SINIR ÖTESİ Yayınları'ndan çıkacak olan "RUHSAL GÜÇLERİ GELİŞTİRME TEKNİKLERİ" adlı kitapta Ergun Candan tarafından derlenerek siz okuyucularımıza sunulacaktır.

"ATATÜRK'ÜN KEHANETLERİ"

tir. Thomas görüşünü şöyle özetler:

"İnsanın kaderiyle ilgili olan "Horoskop" caiz değildir. Günahtır. Çünkü özgür irade ile rastlantısal durumları bir birinden ayıramamaktadır. Astrolojik yöntemle (O devirde astronomi ve astroloji birlikte yürüyen bir bilimdi) *büyük doğal felaketleri, savaşları, salgın hastalıkları, Ay ve Güneş tutulmaları önceden öğrenilebilir. Çünkü "Sebep-Sonuç ilişkisi "İlliyet Prensibi ile anlaşılabilir."*

Konuyla ilgili olarak Nostradamus da oğlu Sezar'a yazdığı mektupta şöyle der:

"Gökyüzü sonsuzdur. Geçmişin, şimdinin ve geleceğin üzerine kanatlarını serer. Tanrı tarafından yönlendirilen yıldızların çizdiği yoldan en büyük olaylar okunur. Bu yoldan Tanrı'nın hükümlerini görür insanoğlu."

Kendi tanımına göre kehanet mekanezması üç temel ilkeye bağlı olarak işlemektedir:

1- Atalardan gelen doğal kalıtım yani yetenek...
2- Sonradan kazanılan transa girebilme yeteneği ve bu yeteneğin geliştirilmesi...
3- Astrolojik bilgi düzeyi...

İşte Nostradamus'a göre kehanet mekanizmasının temelinde bulunan üç temel prensip bunlardır.

Nostradamus'un yetiştirilmesinde iki kültürün el yazması eserleri önemli rol oynamıştır.

Birinicisi Eski Mezopotamya Uygarlıkları ve Mısır Uygarlığı'ndan kalma el yazmaları; ikincisi ise İspanya'da büyük bir uygarlık kuran Endülüs Emeviler'in kütüphanelerinde bulunan kitaplar...

Ayrıca büyük din bilgini Muhiddin Arabi'nin eserleri de Nostradamus üzerinde çok etkili olmuştur. İşte Nostradamus'un elde ettiği başarının temel nedenlerinden biri, bu kül-

"ÜNLÜ KAHİNLER"

türlere ait eski kaynakları çok iyi etüd etmesidir.

Ayrıca Nostradamus'un temel konsantrasyon ve yoga egzersizlerinin yanısıra, belirli bir gıda rejimi de uyguladığı tahmin edilmektedir.

Söz konusu kültürlere ait eski kitaplardan yararlanan Nostradamus, hem pratik uygulamalarla kendisini geliştirmiş, hem de teorik düzeyde Astrolojik bilgileri öğrenmiştir. Astrolojik bilgi düzeyinin çok iyi olduğunu, kendi de yazılarında doğrulamıştır. Bu arada her yıl Astroloji Yıllığı da yayınlayan Nostradamus'un Güneş Sistemi'nde o yıllarda henüz daha bilinmeyen gezegenlerden söz etmesi de, son derece düşündürücüdür...

Nostradamus'un Astroloji'yi kehanetlerinin zamanlarını göstermek için kullanmış olduğunu ve çalışmalarını tek başına sürdürdüğünü biliyoruz. Çilehanesinde bedeninden olabildiğince kurtulup, ruhsal fenomenler yaşadığı, yine kendi anlatımlarında bildirilmiştir. Oğlu Sezar'a hitaben kaleme aldığı yazısının bir bölümünde şu satırlara rastlıyoruz:

"Tanrısal vahyin yardımıyla sürekli uykusuz geçen gecelerde kehanetlerimi yazdım..."

Bu söz açıkça ruhsal bir irtibatının olduğunu ifade etmesi bakımından önemli bir kanıttır. Bu söz ayrıca, Anadolu'daki Tasavvuf Dergahları'nda yapılan çalışmaları da hatırlatmaktadır...

Nostradamus'un Atatürk'ün gerçekleştirdiği devrimler hakkında da yıllar öncesinden söz etmiş olması konunun bir başka ilginç yanıdır. Yıllar öncesinden günümüze kadar ulaşan kehanetinde şöyle diyordu Nostradamus:

Bütün yasalar değişecek temelden
Türkiye'de işte öyle bir devrimle
Ve Mısır toprağı gidecek elden
Para da değişecek, para birimi de.

"ATATÜRK'ÜN KEHANETLERİ"

KAHİNE JEANE DİXON VE KEHANETLERİ

Ünlü Filozof Leibniz' göre her fert, gelecekteki olayların varlığını, kendi mevcudiyetinin derinlerinde hisseder ve bilir. Bu görüşü, çağımız Parapsikologları temel olarak ele almışlardır.

Yapılan bütün geleceği bilme çalışmalarında, gelecekten bilgi verebilenlerin bulunduğu görülmüşse de, bu bilgiler ışığında geleceği değiştirebilen hiç bir kimsenin çıkmadığı da ayrı bir gerçektir. Bir örnek verelim...

Amerikalı Kahine Jeane Dixon, Başkan J.F. Kennedy'nin ölümünü 1952 yılında girdiği bir trans sırasında açıklamıştır. Ancak isim vermemiş süikasta uğrayacak kişinin ayrıntılı bir tarifini yapmıştı... Gelecekteki süikastın kurbanı olacak adamın mavi gözleri ve kumral saçları vardı. Genç ve mevki sahibi bir adamdı. Demokrat Parti'den 1960 yılında seçilecekti ve devlet hizmeti sırasında feci bir şekilde öldürülecekti. Onun bu kehaneti, 13 Mayıs 1956'da *"Parade Dergisi"* nde yayınlandı.

John Kennedy 1960 seçimlerini kazanınca bu kehanet yeniden gündeme geldi. Çünkü suikasta uğrayacağı söylenen kişinin tarifine, inanılmaz bir şekilde Kenndey'nin uyduğu farkedildi... Dixon durumun zaten farkındaydı... Kennedy'i defaatlerce uyardı. Ancak ona inananların sayısı oldukça azdı. Ciddiye alınmadı... Dixon adeta geleceği değiştirmek için elinden gelen her türlü uyarıyı yapmaya çalıştı ama geleceği değiştirmek imkansızdı... Ve korkunç gün hızla yaklaşıyordu...

6 Nisan 1967'de W. Daily News Gazetesi'ne verdiği bilgide, Senatör Robert Kennedy'nin başına korkunç bir şey geleceğinden söz ediyordu. Bunun üzerine *"bu bir kaza mı?"* diye kendisine sordular.

– *"Hayır daha beter bir şey olacak... Silahla vurulacak"* dedi...

"ÜNLÜ KAHİNLER"

9 Nisan 1968 yılında bir akşam yemeğinde ise misafirlere: *"Robert Kennedy, ateşli bir silahla vurulacak. Olay bir komplonun sonucu değil, kişisel bir eylem olarak, kısa boylu bir çocuk tarafından işlenecektir."*

1963 sonbaharında Kennedy öldürüldüğünde haklı çıktığı görüldü ama artık iş işten geçmişti...

Dixon'un gerçekleşen başka kehanetleri de vardır. Örneğin Zenciler'in lideri Martin Luther King'in öldürüleceğini, 1967 yılında bir uzay kapsülünün yanacağını ve içindeki Astronotlar'ın öleceğini de çok önceden haber vermişti...

1969 yılında New York'da yayınlanan *"Hayatım ve Kehanetlerim"* adlı kitabında, gelecekteki olaylarla ilgili önemli kehanetlerini kaleme almış ve kamuoyuna duyurmuştu...

WOLF MESSİNG VE KEHANETLERİ

Wolf Messing, 10 Eylül 1899'da Varşova yakınlarıdaki bir köyde doğdu. Esasında bir Polonyalı'ydı ve Yahudi Köyü'nde oturuyorlardı. Ailesi dindardı. 6 yaşında iken kutsal Talmud'u ezbere biliyordu. Komşu köyün din okuluna gitmeye başladı. 11 yaşına gelince dünyayı gezip görmek hevesiyle trene bindi. Zihinsel yeteneğini ilk olarak bu trende kullandı:

Biletleri kontrol eden memura bir kağıt parçası uzattı. Konsantrasyonu sayesinde bu kağıt parçasının, memur tarafından bir bilet olarak algılanmısını sağladı. Memur kağıt parçasını aldı çevirdi ve tekrar ona uzattı. Konsantrasyonu başarıya ulaşmış ve memur kağıt parçasını bilet olarak algılamıştı. Bu onun ilk parapsişik deneyiydi...

Berlin'e gitti ve orada bakkal çıraklığına başladı. Bir gün müşterilerinden birine mal götürürken yolda bayıldı. Hastahaneye kaldırıldı. Nabzı çok yavaş atıyordu. Dr. Abel bunu farketmeseydi, öldü diye mezara gömülebilirdi. Onu kurtaran Dr. Abel daha sonra kendisiyle yakından ilgilenerek, parapsişik

"ATATÜRK'ÜN KEHANETLERİ"

yeteneklerinin daha gelişmesi için çalıştı. Onu tiyatroda bir işe başlattı. Orada kendi parapsişik yetenekleriyle ilgili çeşitli gösteriler yapıyordu.

Daha sonraları gittikçe tanınmaya başlayan Messing, devrin ünlü bilimadamlarıyla da tanışma fırsatı buldu. Einstein, Freud ve diğer tanınmış bilimadamlarıyla önemli deneyler gerçekleştirdi. Avrupayı, Uzakdoğu'yu gezen Messing 1927'de Hindistan'da Gandi ile tanıştı. Gandi ile telepati deneyleri gerçekleştirdi. Messing'in inanılmaz bir telepati yeteneği vardı. Bunun yanısıra kehanetleriyle de dikkatleri üzerinde toplamıştı...

1940 yılında Rus - Alman ilişkilerinin son derece olumlu olduğu günlerde: *"Bir gün gelecek Sovyet tankları Berlin sokaklarını çiğneyecektir..."* diyerek gelecekteki günleri çok önceden insanlara bildirmiştir.

1943 yılında yine bir başka kehanetinde: *"Baltık, Beyaz Rusya, Ukrayna ve Kırım; Naziler tarafından işgal edilecektir"* diyordu...

II. Dünya Savaşı'nın sonunu kimsenin tahmin edemediği günlerde; 1945 Mayısı'nda savaşın biteceğini kesin olarak ileri sürüyordu...

1937 yılında yaptığı bir gösteride: *"Hitler Doğu'ya saldırırsa ölür"* demiş ve bu sözünden sonra Hitler tarafından istenmeyen adam ilan edilerek, başına 200.000 Mark mükafat konulmuştu.

Geleceği bilmenin tabiat üstü bir olay olmadığını söyleyerek, gelecekte bu meseleye bilimsel açıklamaların getirileceğinin ilk sinyallerini de vermiştir...

Gelecek denilen şey geçmiş ile şimdinin devamıdır. Bunların arasında düzenli bağlantılar bulunmaktadır. Ancak Messing'in dediği gibi, bu bağlantıların işleyiş şekli günümüzde de henüz açıklanamamıştır.

"ÜNLÜ KAHİNLER"

SOVYET RUSYA RUHU ARIYOR

Stalin'den sonra yoğunlaşan parapsikolojik çalışmaların sonucunda, başta telepati olmak üzere, Durugörü, Telekinezi gibi olgular; kesin olarak ispatlanmış bilimsel bir gerçeklik olarak, Sovyet bilginlerince kısa bir sürede kabul edildi.

1968 Mayısı'nda Ruslar, "Parapsikoloji Kongresi" düzenleyerek, Batılı bilim adamlarıyla, bilgi alış verişinde bulundular. Fransız fizikçisi Jacques Bergier, yaptığı açıklamada: *"Moskova Pavlov Enstitüsü, Parapsikolojik olaylara önem vermeyen Stalin zamanından beri, ruhsal olaylarda yüksek manyetik alanların yaptığı etkiyi gizli gizli araştırmaktaydılar"* diyordu. Aynı tarihlerde Pavlov Enstitüsü'nden Dr. V.A. Kozak; Bergier'in sözlerini tasdik edercesine şu açıklamada bulunuyordu: *"Durugörü ve Telepati olayları, daha çok elektro manyetik karakterde olmayan bir manyetik kuvvet alanının sonucudur."* Bu yaklaşım konuyla ilgili araştırma yapan yazarların kitaplarına da yansımış ve **"Sovyet Rusya Ruhu Arıyor"** adında kitapların piyasaya çıkmasına sebebiyet vermiştir. Sovyetler'de yapılan parapsikoloji deneylerinin büyük bir bölümü gizli tutulmuş ve dışarıya hiç bir bilgi sızdırılmamıştır. Kamuoyuna açıkladıkları; yaptıkları çalışmaların sadece çok güçük bir kısmıydı. Dışarıya sızan bilgilere göre sadece 1960 yılında Ruslar, parapsikolojik yeteneklere sahip 1500 civarında kişi ile özel deneyler gerçekleştirmişti...

MUHİDDİN ARABİ

İslam düşünürleri ve alimleri arasında ayrıcalıklı bir yeri olan Muhiddin Arabi, geçmiş ve gelecek hakkında verdiği bilgilerle de kendisinden söz ettirmiştir. Geçmiş ve gelecekle ilgili bilgilerin de yer aldığı 500'den fazla eseri bulunmaktadır. Önemli eserlerinden biri olan "Fütuhatı Mekiyye"de ruhlarla görüşülebildiğini açıklar. Ruhlarla görüşmesinin nasıl olduğu-

"ATATÜRK'ÜN KEHANETLERİ"

nu da üç maddeyle özetler:

1- Rüya yoluyla, 2- Onların ruhaniyetlerini davet edip görüşerek, 3- Bedenimden ruhumu ayırıp, onların yanına giderek.

"Tabut-üs Sekine" adlı eserinde ise şöyle der:

Allahü Teala bana öyle nimetler ihsan etti, bildirdi ki, istesem kıyamete kadar gelecek tüm velileri, kutubları, isim ve nesebleri, olayları bildirebilirim. Fakat bazıları inkar ederler de manevi kazançlarından kaybederler diye korkuyorum.

Ancak yine de gelecek ile ilgili bazı olayları kitaplarında bildirmiştir. Hatta Nostradamus'un Muhittin Arabi'nin bu kehanetlerinden alıntılar yaptığı da bazı araştırmacılar tarafından iddia edilmektedir. Yaşamı sırasında yoğun eleştirilere maruz kalan Muhiddin Arabi vefatından kısa bir süre önce şöyle bir kehanette bulunmuştu: Sin, Şın'a gelince, Muhiddin'in kabri ortaya çıkar. Sizin taptığınız, benim ayaklarımın altındadır.

Bu sözleri dinleyenler hiç bir şey anlamadılar. Bu sözlerden kısa bir süre sonra 78 yaşında Şam'da vefat etti...

Ona düşman olanlar, mezarının üzerini çöplerle doldurdular. Aradan yıllar geçti. Osmanlı Sultanı Yavuz Sultan Selim Han Şam'a geldi. Kabrini buldurup üzerindeki çöplerden temizletti. Üzerine bir türbe yaptırdı. Muhiddin Arabi'nin ölmeden önce sizin taptığınız benim ayağımın altındadır dediği yeri kazdırdı. Kazılan yerden 1 küp altın çıktı. Böylelikle Muhiddin Arabi'nin *"siz Allahü Tealaya değil de paraya tapıyorsunuz"* dediği anlaşıldı. *"Sin, Şın'a gelince"* sözünün de ne anlama geldiği böylelikle ortaya çıktmış oluyordu. Muhiddin Arabi Arapça olarak Sin harfiyle Selim'i; Şın harfiyle ise Şam'ı ifade etmişti. Kehanetinin tüm ayrıntıları böylelikle ortaya çıkmış oluyordu...

İslam Dini'nin şeriatsal ve harici bölümüyle meşgul olanlar, Ezoterik ve Batıni öğretiye mensup olan Muhiddin Arabi'yi hiç bir zaman anlayamamışlardır.

II. BÖLÜM

ATATÜRK'ÜN KURTULUŞ SAVAŞI'NDAN ÖNCEKİ KEHANETLERİ

Dünya tarihinde iki çeşit lider vardır. Birinci tipte olanlar: Büyük İskender, Sezar, Napolyon gibi liderlerdir.

İkinci tipte olanlara en güzel örnek Mustafa Kemal Atatürk'tür.

Birinci tipte olan liderler tarihin gidişini değiştirmişler ama insanlık için pek fazla bir şey yapmamışlardır. Atatürk ise hem Türk milletine, hem de insanlığa hizmet etmiş bir dahidir. Onun fikirlerini nenüz yeni yeni, daha iyi kavrayabilmekteyiz. Çünkü gizli kalmış yönleri daha fazladır.

20. Yüzyılı etkileyen hatta o yüzyıla damgasını vuran lider olarak Atatürk'ü gösterebiliriz. Onu ne Hitler'le, ne de Musolini ile karşılaştırabilmek mümkün değildir. Atamız gerek şahsiyeti, gerekse eserleri ve fikirleri ile uluslara örnek olmuş bir dahi ve kahramandır. Onun izinde giden liderlerin başlattıkları bağımsızlık savaşları ikinci dünya savaşından sonra başarıya ulaşmıştır.

Dünya tarihinde isim yapmış liderlerin, kahramanların, mucitlerin ve sanatkarların hayatlarında ilginç ve esrarengiz

"ATATÜRK'ÜN KEHANETLERİ"

olaylar hep yer almıştır.

Mustafa Kemal Atatürk yurdu düşmandan kurtarmak için Samsun'a çıktığı zamandan, Kurtuluş Savaşı'nın bitimine kadar geçen süre içinde kendisinde olan bir yetenek vardı. Kendisinin düşüncelerine karşı çıkan kimselerin engellemelerine rağmen, bu yetenek sayesinde yapmak istediklerini başarmıştır. Bu yeteneği daha önce söylemiş olduğum gibi ESP yeni "Üstün Sezme Gücü"dür. Atatürk yaşamı boyunca bu gücü kullanmış fakat bundan etrafındakilere bahsetmemiştir.

Onunla beraber Milli Mücadeleye katılan, Türkiye Cumhuriyetini kuran silah arkadaşları ve dostları; kendisindeki bu yeteneği sadece onun ileri görüşlülüğüne yorumlamışlardır. Çünkü o devirde, bu hiç kimsenin düşünebileceği ve kabul edebileceği bir konu değildi. Şimdi bile inanmayan kimselerin çıkacağını biliyorum...

Mustafa Kemal Atatürk doğduğu zaman Osmanlı İmparatorluğu ekonomik ve askeri alanlarda gerilemeye başlamıştı. Yüzyıllardır elinde olan bazı topraklarını kaybediyordu. Ekonomisi tamamen yabancıların elindeydi ve sömürülmekteydi. Ülkenin sırtına borçlar yığıldıkça yığılmış, halkın ödediği vergileri bile, yabancılar kendi keyiflerine göre topluyorlardı. Türk milleti bir karışıklığın içinde bocalayıp duruyordu. Yönetimi elinde bulunduran II. Abdülhamit bir baskı içerisinde imparatorluğu yönetmekteydi. İşte bu karışıklık içinde ülkeyi ve Türk milletini kurtaracak lider dünyaya gelmişti. Yıl: 1881'di...

Bu lider Mustafa Kemal Atatürk'tü...

Olanaksızlıklar içinde, herkesin moralsiz olduğu bir ortamda çalışma yapmak ve kitleleri peşinden sürüklemek çok zor bir iştir. Kurtuluş Savaşı'ndan Türkiye Cumnhuriyeti'ni kurana kadar geçen süre içinde karşılaştığı engellerin, zorlukların ve sıkıntıların üstesinden gelirken "Üstün Sezme Gücü"nü kullanmasıyla mümkün olabilmiştir. Çünkü verdiği kararların

"KURTULUŞ SAVAŞINDAN ÖNCEKİ KEHANETLERİ"

sonucunu önceden kuvvetli bir şekilde hissedebiliyordu. Yavaş yavaş tarih sahnesinden çekilmekte olan Osmanlı İmparatorluğu'nun yerine yeni bir devlet; hem de kanunları, yönetimi, eğitim sistemi, ekonomisi, dejenere olmuş eski gelenekleri kısaca her şeyiyle modern bir devlet kurabilmek büyük güç isteyen bir iştir. Hemen altını çizmek istiyorum ki, dünya üzerinde böyle bir işin üstesinden gelebilen bir başka kişi daha yoktur.

Bu abartılı bir methiye değil, gerçeğin ta kendisidir...

Tarihteki birçok yöneticilerin, kralların, kraliçelerin bazı önemli kararları alırken kehanet yeteneğine sahip kahinlere danıştıkları biliniyor. Hatta Osmanlı İmparatorluğu'nda bazı padişahların müneccimlerden (kahinlerden) yararlandıklarını ve yanlarından ayırmadıklarını tüm tarih kitaplarında okuyabilirsiniz.

19. Yüzyılda İngiltereyi yönetmiş olan Kraliçe Viktorya'nın yanından ayırmadığı bir kahini vardı. Örnekleri çoğaltmak mümkün ancak benim anlatmak istediğim konu insanın içindeki o inanılmaz gücüdür. Ve bu "Üstün Sezme Gücü"nün falcılıkla yakından uzaktan bir ilgisi yoktur...

Saint Agustin der ki: *"İnsanda öyle bir kudret vardır ki, akıl bunu kavramaya yetmez..."*

Biz kendimizi yeterince tanıyabiliyor muyuz? Hayır... Bilim adamları bugün beynin sadece %10'ununu vücudu çalıştırdığını, geriye kalan %90'ın ne gibi fonksiyonları olduğunu bilememektedirler.

Antik Çağ'da, Orta Çağ'da ve Yeni Çağ'da insanların yazdıkları efsaneler, söylentiler, tuttukları raporlar ve tarihi kayıtlardan öğrendiğimize göre, gelecekten haber verme, gerçekleşecek olayları rüyada görme, önsezisi gibi olağandışı olaylara insanlar sürekli olarak tanık olmuşlardır. Bu olayların oluşum mekanizmaları ve anlamları hakkında çeşitli tartışmalar çıkmıştır. Esrarlı olaylar Yunan filozofu Sokrates'i de derinden

"ATATÜRK'ÜN KEHANETLERİ"

etkileyerek kendisinin: *"Sen, Seni Tanı"* ilkesine uyarak, **"Ben"**in sırlarını araştırmaya yönlenmiştir. Sokrates insan ruhunu kavramaya çalışmış, eylemlerini hep içine doğan "Tanrısal bir esin"e göre yapmıştır. Atina'da ölüme mahkum edildiğinde yaptığı savunmasında: İçinde çocukluğundan beri olağanüstü ruhsal bir gücün, dünyaya ait olmayan bir şeyin konuştuğunu anlatmıştır. Sokrates bu esarlı güce *"Daimonion"* adını veriyor...

Bu gücün benzerine Anadolu'da yaşamış ve Tasavvuf felsefelerini yaymış olan Sufiler, Veliler, Evliyalar da sahip bulunuyorlardı. Sokrates'in açıkladığı "Daimonion" ile "İrfan-ı Evvel" aynı anlama gelmektedir. "İrfan-ı Evvel", Tasavvuf sahiplerine göre kişinin "Tanrısal Alem"in sırları hakkında tam bilgiye sahip olabilmesidir. Kısaca **"kendini bilmek"** şeklinde tarif etmişlerdir. Bu görüşü kabul eden dünya ve din görüşüne de daha sonraları "İrfaniye" adı verilmiştir.

Sokrates'in en önemli öğrencisi ve Mısır'da Özel Eğitim'den geçen Eflatun da "Daimonion"dan bahseder. Fakat üzerinde fazla durmaz. Doğaüstü olan bu yetenekle ilgilenmiyordu. Onun ilgisini çeken mesele "Vecd Ekstase" haliydi. Eflatun'un, *"Tanrısal bir tecelli olarak bize verilmiştir"* diye tanımladığı bu halde, insana geçmiş, şimdiki ve gelecek zamanın açıklanabileceğinden söz eder. *"Timaios"* adlı eserinin 32. Bölümü'nde: *"İnsan, tam bilinçli haldeyken kayıptan haber vermeye yetenekli değildir. Ancak bu bilinç hali, uyku, hastalık ya da ekstaze ile azaltılabilir veya kaldırılabilir. Kaldırılırsa o zaman mümkün olabilir"* demektedir.

"Politika" adlı eserinin 29. Bölümü'nde, Sokratesle konuşmasında bir yabancıya: *"Kahinleri insanlar için Tanrılar'ın iradesinin tercümanları olarak gördüğünü"* söyletir. Kahinleri saygıdeğer şairler, hatipler ve rahipler sınıfına koyar. *"Phaidros"*un 22 Bölümü'nde: *"Delfideki kahinleri iyilikler yaptıkları için över."*

"KURTULUŞ SAVAŞINDAN ÖNCEKİ KEHANETLERİ"

İleri sürülen bu görüşlerden de anlaşılacağı gibi, insanın özel bir yeteneği olduğu ve bu yeteneği sayesinde bazı olağanüstü şeyleri yapabildiğini Antik Çağ düşünürleri de kabul etmişler ve araştırmışlardır.

Günümüzde ise dünyanın birçok ülkesinde üniversitelerdeki laboratuvarlarda bilimadamlarınca ilgilenilen bir konu oldu. Ve Parapsikoloji adı altında bu meseleler bilimsel düzeyde araştırılmaktadır.

Sözü daha fazla uzatmayalım...

Ve asıl konumuza girelim...

Mustafa Kemal Atatürk'ü ilgilendiren birkaç kehanetle başlıyoruz...

Daha sonra kendisinin "Üstün Sezme Gücü" ile gerçekleştirdiği kehanetlerine geçeceğiz...

Hazır mısınız?

Osman Nizami Paşa'nın Atatürk'e söylediği kehanet

Osman Nizami Paşa ile Kuzguncuk'daki bir yalıda öğle yemeği yiyen Mustafa Kemal, Paşa'nın sözlerini hayretler içinde dinliyordu... Şöyle diyordu Abdülhamid'in paşası:

– *"İstibdat idaresi bir gün elbette yıkılacaktır. Fakat onun yerine Batılı anlamda bir idare gelip memleketi her bakımdan kalkındıracak mıdır? Ben buna inanmıyorum..."*

Mustafa Kemal'in hayreti arttı. Çünkü bu sözleri söyleyen Sultan Abdülhamid'in bir paşasıydı!...

Mustafa Kemal şu yanıtı verdi:

– *"Paşa hazretleri, Batılı anlamda idarelerde zamanla gelişmişlerdir. Bu gün uyur gibi görünen milletimizin çok kabiliyeti ve cevheri vardır. Fakat bir inkilap olunca bu gün işbaşında olanlar yerlerini muafaza etmeye kalkarlarsa, o vakit*

"ATATÜRK'ÜN KEHANETLERİ"

buyurduğunuzu kabul etmek lazım gelir. Yeni nesiller içerisinde her hususta itimada layık insanlar çıkacaktır..."

Osman Nizami Paşa buna yanıt vermedi. Ve arkadan yemeğe oturuldu. Mustafa Kemal'e sorular soran paşa onun verdiği yanıtları dikkatle dinledi. Aynı günün akşamı Harp Okulu'na dönmek üzere olduğu sırada, Paşa'nın iznini almak için yanına arkadaşı ile giden Mustafa Kemal'e Osman Nizami Paşa şu sözleri söyledi:

— *"Mustafa Kemal efendi oğlum, görüyorum ki İsmail Fazıl Paşa seni takdir etmek hususunda yanılmamış. Şimdi ben de onunla aynı fikirdeyim. Sen bizler gibi yalnız Erkanı Harp Zabiti olarak bir hayata atılmayacaksın. Keskin zekan ve yüksek kabiliyetin, memleketin geleceği üzerinde etkili olacaktır..."*

Mustafa Kemal Atatürk'ün geleceği hakkında; başkaları tarafından ileri sürülen kehanetlere devam ediyoruz...

Mustafa Kemal Atatürk'ün kaç yıl Cumhurbaşkanlığı yapacağının bir bedevi tarafından yıllarca önce söylenmesi...

İtalyanlar uzun süredir elde etmek istedikleri Trablusgarp'a (Bu günkü Libya) 1911 yılında saldırmışlardı. Osmanlı Ordusu Anavatanı'ndan uzakta çarpışıyordu. Bu sıralarda bir grup subay da savaşa katılmak için Bingazi şehrine gidiyordu. Bunların arasında Mustafa Kemal de bulunuyordu. Yolda bir bedeviye rastladılar. Bu adam el falından çok iyi anladığını söyleyerek genç subayların fallarına bakmayı teklif etti. Hepsi avuçlarını gösterdiler. Talihlerini öğrenmek istediler. Sıra Mustafa Kemal'e gelmişti. Önce elini uzatmak istemedi. Arkadaşlarının ısrarı üzerine O da elini bedeviye uzattı.

Sarışın subayın elini sert avuçlarına alan bedevi, bu elin çizgilerine bakar bakmaz, yerinden ayağa fırladı ve büyük bir he-

"KURTULUŞ SAVAŞINDAN ÖNCEKİ KEHANETLERİ"

yecanla haykırmaya başladı:

— *"Sen padişah olacaksın... Padişah olacak ve 15 yıl hüküm süreceksin..."*

Gülüştüler ve yollarına devam ettiler...

Yıl: 1911'di...

Aradan yıllar geçti. 12 yıl sonra Atatürk, genç Türkiye Devleti'nin Cumhurbaşkanı oldu.

Cumhuriyetin 14. yılının sonlarına yaklaşıldığında hastalığı iyice ilerlemişti. Karaciğerinin şiştiğini görenler:

— *"İçme paşam"* dedikleri zaman, O, Bingazi yollarındaki el falına bakan bedeviyi hatırlatarak güldü:

— *"Arap vaktiyle söylemişti... Bizim padişahlık nasıl olsa 15 yıl sürecektir. Hesapça bu son senemizdir."*

Yıl: 1938'di...

Daha sonra yanında bulunan Fuat Bulca'ya eğilip fısıldar: *"Bingazi'deki falcıyı hatırladın mı. Bana 15 yıl hükümdarlık yapacaksın demişti... İşte 15 yıl Fuat... Vadem doldu..."*

Atatürk'ün sağlık durumunun endişe verici boyutlarda olduğunu bilen Fuat Bulca yutkunup, endişeyle O'nun yüzüne bakar: *"Siz hani falcılara inanmazdınız Paşam?"* der. Atatürk bunun üzerine Fuat Bulca'nın koluna dokunup, aynı odada bulunan Hasan Rıza ve Cevad Abbas'ı göstererek; yavaş bir ses tonuyla şunları söyler:

— *"Bu sırrı sakın onlarla paylaşma... Aramızda kalsın..."*

Esrarengiz Hintli Mihrace'nin sırrı hala çözülemedi...

Türkiye Cumhuriyeti'nin kurcusu Mustafa Kemal Atatürk'ün olağan üstü yaşamı boyunca, başından son derece ilginç ve gizemli olayların geçtiği biliniyor.

Bunlardan bir tanesi de kendisini ziyarete gelen Hintli bir Mihrace'yle ilgilidir.

"ATATÜRK'ÜN KEHANETLERİ"

Bilindiği gibi Hint halkı, Ulusal Kurtuluş Savaşı'nda, Atatürk'ü ve Türk halkını yanlız bırakmamış ve maddi - manevi olarak, Türk halkının yanında yer almışlardı.

Kurtuluş Savaşı'ndan yıllar sonra, 1929 yılında, Bir Hintli Mihrace, Atatürk'ü Pera Palas'taki 101 no'lu odasında ziyaret etmeye gelmişti...

Mihrace'nin Atatürk'ü hangi amaçla ziyarete geldiği bilinmiyor... Bilinmeyen bir başka nokta da, Mihrace'nin kim olduğudur. Bu güne kadar Mihrace'nin kimliği ile ziyaret sebebi anlaşılamamıştır. Mihrace'nin ziyaretinde anlaşılamayan ve işin içinden çıkılamayan, çok daha ilginç bir başka nokta daha vardır...

Mihrace'nin, Atatürk'e sunduğu hediyenin kendisinde de bir sır gizliydi...

Bu hediye, altın sırmalı Hint işi bir ipek seccadeydi. Seccadenin üzerindeki desende, bir şamdanın asılı olduğu bir düz kemeri; her iki yanında birer güvercinin bulunan, beş kubbeli bir diğer kemerin çevrelediği görülüyordu. Bordür motifi, fillerden oluşuyordu.

Desenin en ilginç unsuru ise, her iki kemerin arasındaki, dal kıvrımı ve gül motifleriyle süslü boşlukta yer alan, romen rakamlı bir saat kadranıydı:

Bu saat, 09.08'i gösteriyordu...

Esrarengiz Mihrece'nin ziyaretinden 9 yıl sonra, Atatürk, hepimizin bildiği gibi, seccadede işlenmiş olan motifte gösterilmiş olan çok yakın bir saatte: 09.05'de vefat etmişti...

Seccade halen Perapalas'da bulunmaktadır...

Atatürk'ün Bulgar Ivan Manelof'a söylediği kehanetler...

Artık asıl konumuz olan Mustafa Kemal Atatürk'ün "Üstün

"KURTULUŞ SAVAŞINDAN ÖNCEKİ KEHANETLERİ"

Sezme Gücü" ile ilgili olaylara geçebiliriz...

Mustafa Kemal başından beri Türk Milleti'ni kurtaracak olan bir lider olacağını biliyordu... Bununla ilgili sayısız kanıtlardan biri de 1906'da Bulgar Ivan Manelof ile Selanik'de yaptığı konuşmalardır.

Şöyle diyordu Mustafa Kemal:

— *"Bir gün gelecek, ben, hayal olarak kabul ettiğiniz bu inkilapları başaracağım. Mensup olduğum Türk Milleti bana inanacaktır. Düşündüklerim demagoji mahsulü değildir. Bu Millet gerçeği görünce arkasından yürür. Saltanat ortadan kalkacaktır. Devlet mütecanis (tek türlü) bir unsura dayanacaktır. Din ve devlet işleri birbirinden ayrılacaktır. Batı medeniyetine döneceğiz. Batı medeniyetine girmemize engel olan yazıyı atarak, Latin kökünden alfabe seçilecektir. Kadın ve erkek arasındaki farklar kalkacaktır. Her şeyimizle Batılı olacağız. Emin olunuz ki hepsi bir bir olacaktır..."*

Atatürk'ün bu konuşmayı yaptığı yıllarda II. Abdülhamit ülkenin tek hakimiydi. Yine o yıllarda padişahlık kurumunun kuvvetli ve kutsal sayıldığı bir ortamda bu sözleri söylemiş olduğunun da altını çizmek gerekir.

Atatürk'ün söylediklerine Manelof'un ne kadar inandığını bilemiyoruz ama yaşadı ise, 20 yıl sonra kendisine anlatılanların gerçekleştiğini görmüş olmalıdır...

Atatürk'ün arkadaşlarına söylediği kehanetler

Mustafa Kemal henüz daha kolağası (Ön yüzbaşı) iken, Selanikte arkadaşlarıyla bir gün Olimpiya Birahanesi'nde oturmuş sohbet ediyorlardı...

Önce Osmanlı Devleti'nin dış siyaseti ile ilgili bir konu üzerinde tartıştılar. Arkasından Mustafa Kemal Osmanlı Devleti'ni ağır bir dille eleştirmeye başladı. Daha sonra da sanki

"ATATÜRK'ÜN KEHANETLERİ"

işi şakaya dökercesine arkadaşlarına bazı görevler dağıtmaya başladı...

Arkadaşları için bu, son derece eğlenceli bir toplantıya dönüşmüştü... Mustafa Kemal'i gülüşerek dinleyen arkadaşları için söylenen sözler sadece bir şakadan ibaretti... Ancak aradan geçen yıllar büyük bir gerçeği ortaya çıkardı...

İşte o gün aralarında geçen konuşmanın tarihe geçen kayıtları....

Mustafa Kemal önce Tevfik Rüştü Bey'i göstererek:

– *"Bu sakim siyaseti bir gün doktor vasıtasıyla düzelttireceğim..."*

Yakın arkadaşı Nuri Conker, Tevfik Rüştü'ye dönerek cevap verdi: *"Ne sen mi düzelteceksin?"*

Bunun üzerine Mustafa Kemal tekrar devreye girerek, Tevfik Rüştü Bey'i kastederek:

– *"Evet... Ben doktoru Hariciye Vekili yapacağım. Bütün falsoları ona tamir ettireceğim."*

Nuri Conker şakaya devam eder: *"Demek sen doktoru Hariciye Vekili yapacaksın... Ya beni?..."*

– *"Seni de Vali ve Kumandan yaparım."*

Bu sırada Salih Bozok atılır: *"Her halde beni de bir şey yaparsın?"*

– *"Salih seni Yaver yapacağım ve yanımdan ayırmayacağım."*

Daha sonra da o yılarda kendisinden daha kıdemli bir asker olan Fethi Okyar'a: *"Seni Sadrazam (Başbakan) yapacağım"* demişti.

Bütün bu konuşmalardan sonra Nuri Conker yine dayanamaz ve sorar: *"Allahını seversen, sen ne olacaksın ki hepimize şimdiden böyle bir takım makamlar veriyorsun?"*

Mustafa Kemal'in cevabı son derece net ve kısaydı... Ciddi bir ses tonuyla:

"KURTULUŞ SAVAŞINDAN ÖNCEKİ KEHANETLERİ"

— *"Bu memuriyetleri veren ne olursa, işte ben de o olacağım..."*

Bu sözler o akşam için güzel bir sohbet olarak kalırken, geleceğin onları hangi makamlara getireceğini bilmiyorlardı...

İçlerinde geleceği bilen, sadece Mustafa Kemal'di...

Yıllar sonra Fethi bey Başbakanlık ve parti başkanlığı görevini Gazi Mustafa Kemal'den aldı. Atatürk bu kehanetini söylediğinde Fethi bey Binbaşı, Mustafa Kemal ise Kolağası yani Ön yüzbaşı idi.

Atatürk Osmanlı Hanedanı'na mensup bir kişi olmadığı için elbette padişah olamazdı. Fakat padişah ayarında bir kişi olabilirdi. Bu mevkii de Cumhurbaşkanlığı idi. Atatürk daha 1907-1908 yılları arasında kendisinin bir gün Cumhurbaşkanı olacağını biliyordu. Ayrıca o yıllarda padişahlık kuvvetli ve kutsaldı. Padişahlığın yıkılması diye bir şey kolay kolay düşünülebilecek bir şey bile değildi. O yıllarda böyle bir düşünce bile kimsenin aklının ucundan dahi geçemezdi...

Diğer arkadaşlarına gelince... Onlar da aradan geçen yıllardan sonra, o konuşmanın aslında hiç de basit bir şaka olmadığını anladılar...

Atatürk kehanetlerini ileri sürdüğü zaman olayların gerçekleşmesine daha 15 yıl vardı.

Etrafındakiler onun bu özelliğini daima ileri görüşlülük olarak yorumlamışlardır. Şimdi diyeceksiniz ki, neden çevresindeki kişilere kendisindeki bu özelliği açıklamıyordu?

O yıllarda ona kimse inanmaz hatta ona deli gözüyle bakmaya başlarlardı. Günümüzde daha yeni yeni Parapsikoloji önem kazanmaya başladığını dikkate alacak olursak, O'nun bu sırrını saklamasının doğal karşılanması gerektiği kendiliğinden ortaya çıkacaktır.

"ATATÜRK'ÜN KEHANETLERİ"

Atatürk'ün Suriye'deki kehaneti

Mustafa Kemal, Birinci Dünya Savaşı'nın son zamanlarında, ölmüş olan 5.Mehmet'in yerine tahta geçen Padişah Vahidettin'in önerisiyle 7. Ordu'nun Komutanlığı'na getirilmişti. Düşman saldırıları karşısında ordular teslim oluyorlardı. Osmanlı Ordusu Almanlar'la beraber Suriye'de çarpışıyordu. Mustafa Kemal durumun umutsuzluğunu görmüştü...

Geçen zamanın bizim lehimize bir sonuç kaydetmesi imkanı olmadığını, hiç olmazsa insan kaybına yer vermemesinin lazım geldiğini düşünüyordu. Kendi emrindeki orduları geri çekmeye başladı. Bunun üzerine Alman Generali: *"Ne oluyor?"* diye sormasına karşılık, fazla kayıp vermemek için orduları geri çektiğini söylemiş ve ilave etmiştir:

— *"Boş yere insan kaybına gerek yok, bir gün onların hepsi bana lazım olacak!..."*

Mustafa Kemal geriye çektiği ordularının askerleri savaş sonunda terhis edilmeye başlandığı zaman onlara silah ve cephane vermiştir. Kahramanmaraş ve Gaziantep savunmalarının temelinde, Mustafa Kemal'in terhis olan askerlere verdiği silah ve cephaneler yatar. Aynı zamanda düşmana karşı koyan çetecilerin elinde de aynı silah ve cephaneler vardır!...

Osmanlı Hükümeti'ne söylediği kehanet...

1917 yılında Bağdat'ı düşmandan geri alabilmek maksadıyla bir Yıldırım Orduları Komutanlığı meydana getirilmiş, başına da Alman Generali Falkenhayn atanmıştı. Mustafa Kemal de bu grubun içinde bulunan Halep Bölgesi'ndeki 7. Ordu Komutanı idi. Mustafa Kemal birçok konularda Alman Generali ile anlaşamadı. Falkenhayn'ın Filistin Cephesi'ne karşı hazırladığı saldırıyı hatalı bulduğu ve başarısız olacağını bildiği için

"KURTULUŞ SAVAŞINDAN ÖNCEKİ KEHANETLERİ"

bunu merkeze bildirdi. Fakat Osmanlı Hükümeti kendisinden yana olmadı.

Mustafa Kemal, Falkenhayn'a: *"Osmanlı Ordusu saldırırsa yenilecektir. Boşuna asker kaybı olacaktır"* diye ısrarla bildirmiştir. Fikirlerinin kabul edilmediğini görünce Mustafa Kemal görevinden çekildi. Teklif edilen 2. Ordu Komutanlığı'nı da kabul etmeyerek İstanbul'a izinli geldi.

Kısa bir süre sonra Alman Generali'nin planının uygulanmasına vakit kalmadan İngilizler saldırıya geçtiler. Filistin'i ve Kudüs'ü aldılar.

Bu olay da onun düşüncesini yoğunlaştırarak hücum edilirse başarı sağlanıp sağlanamayacağını önceden hissetmesi açısından çok önemlidir. Bu ve buna benzer pekçok girişim öncesinde olayların nasıl neticeleceğini, kendisindeki "Üstün Sezme Gücü" ile bildiği görülmektedir.

Atatürk'ün Harbiye Nazırı olarak hükümete girmek istemesinin ardındaki gerçekler...

Mustafa Kemal, Birinci Dünya savaşı bitiminde henüz Suriye'de bulunurken, Ahmet İzzet Paşa'nın kabine kurmak üzere olduğunu duyunca, hemen kendisine telgrafla müracaat ederek, Harbiye Nezareti'ne (Savunma Bakanlığı) seçilmesini istemişti.

Daha sonra bu mesele bahis mevzuu olduğu zaman aynen şöyle demişti:

— *"O zaman ben hükümette bulunsaydım muhakkak, memleketin sürüklendiği bu karışıklıkların önüne geçerdim. Ahmet İzzet Paşa'dan kuracağı kabinede bana Harbiye Nezareti'ni isteyişimi, mevki ve hırs aşkına yorumladılar. Halbuki ben adamlarımızı biliyorum. Cesaret gösterecek kimseler değillerdi. O sıralarda yapılması gereken hizmeti yetkilerimle ben yapabilirdim. Eğer o kabinede bulunsaydım, hükümet padişahın*

"ATATÜRK'ÜN KEHANETLERİ"

keyif ve iradesiyle defolup gitmezdi. Direnirdim, bütün gücümle, gerekirse tahtını padişahın başına geçirirdim. Fakat hükümet yerinde kalırdı. Bu cesareti onlar gösteremezlerdi. Nitekim gösteremediler..."

Atatürk'ün burada anlatmak istediği konu; Türk Devleti'nin işgal edilmesine fırsat vermeden kurtarılabileceği gerçeğidir. Ancak o yıllarda kendisini anlayabilecek çevresinde çok fazla kimse yoktu. O vazifeye talip olmuş fakat vazife kendisine verilmemiştir.

Ne var ki, o daha sonra doğuş gayesi olan gerçek vazifesini, kendisi ellerine alarak, yapması gerekenleri yerine getirmeyi bilmiştir. Çünkü o gerçek bir vazifeliydi...

Atatürk kime ne söylenmesi gerektiğini gayet iyi biliyordu...

1919 yılının Mayıs Ayı'nın 13. günüydü... Sadrazam Damat Ferit Paşa Mustafa Kemal'in Anadolu'da hükümet aleyhine ayaklanacağından korkuyordu. Onun ağzından bazı laflar kapmak ve şüphelerinin hakikat olup olmadığını anlamak için onu ve Cevat Paşa'yı akşam yemeğine çağırdı.

Salonda ve yemekte hemen hemen hiç konuşmadılar. Yemekten sonra Sadrazam Damat Ferit Paşa Kipert'in Anadolu haritasını getirtti. Atatürk'ten Samsun ve civarında neler yapacağını sordu.

Ortada garip bir şeylerin döndüğünü derhal hisseden Mustafa Kemal son derece dikkatli davranarak sırrını ele vermedi. Adeta karşısındakilerin zihnini okuyordu... Onun "Üstün Sezme Gücü" derhal burada da devreye girmiş ve şöyle demiştir: *"Efendim Samsun ve civarında ecnebi raporlarında bildirilen olayların şişirilmiş olduğunu sanmıyorum. Fakat bu ne de olsa basit şeylerdir. Yerinde incelemeler yapıldıktan sonra alınabilecek tedbirler kolayca bulunur.* **Şimdiden şunu bunu ya-**

"KURTULUŞ SAVAŞINDAN ÖNCEKİ KEHANETLERİ"

pacağımı söylemek isabetsizliğine düşmekten çekinirim. Merak etmeyiniz."

(O sıra Samsun ve çevresinde bir direniş hareketlerinin oluştuğu istihbarat raporlarında bildirilmekteydi. Özellikle İngilizler bu direnişin derhal sona erdirilmesini istiyordu. Bunun üzerine Padişah, Atatürk'ü söz konusu direnişi kırmak için Samsun'a yollamıştır. Ancak Atatürk tam tersine hareket ederek direniş hareketini örgütleyerek, ulusal bir direnişe çevirmiştir. Bazı gerici çevrelerin, Atatürk'ü Samsun'a Vahidettin yollamıştır iddiası doğrudur ancak yollama amacı farklıdır. Bu inceliğe dikkat edilmesi gerekir.)

Yıllarca önce Atatürk'ün çizdiği Türkiye Haritası...

1907 yılında Mustafa Kemal arkadaşlarıyla birlikte, ülke sorunlarını konuştuğu bir toplantıda kendisinin çizmiş olduğu ilginç bir harita çıkartır. Orada bulunanların anlattıklarına göre haritanın, Osmanlı İmparatorluğu'nun o zamanki sınırları ile hiç bir ilgisi yoktu.

19 Mayıs 1919'da Samsun'a çıktıktan tam 5 Ay sonra, 19 Kasım 1919'da Sivas'da yapılan gizli bir toplantı. Solunda Rauf Orbay, sağında General Ali Fuat Cebesoy bulunuyor.

"ATATÜRK'ÜN KEHANETLERİ"

O zaman hiç bir anlam verilemeyen bu harita, şimdiki Türkiye Cumhuriyeti'nin Haritası idi.

Haritada bugünkü sınırlarımıza uymayan sadece küçük bir fark vardı: Atatürk'ün bizden ayrılmasını istemediği ve bir türlü razı olmadığı Kerkük'ü de Türkiye topraklarına katmıştı. Daha sonraları Kurtuluş Savaşı kazanılınca, İsviçre'de yapılan Lozan Antlaşması ile Türkiye Kerkük'ten çıkan petrol hakkını satmak zorunda kalmıştır.

Mustafa Kemal geleceği bilme gücüne sahip olmasaydı bu haritayı çizebilmesi mümkün değildi.

O yılları şöyle bir hatırlayalım...

Haritanın çiziliş tarihi olan 1907 yılında henüz daha II. Abdülhamit Osmanlı İmparatorluğu'nun padişahıydı. Gittikçe güçsüzleşen Osmanlı İmparatorluğu'nun topraklarında gözü olan ülkeler, saldırıya geçmek için uygun zamanı beklemekteydiler. 1911 yılında İtalyanlar Trablusgarp'a saldırırlar. Osmanlı devleti onunla ilgilenirken, bir yandan da İtalyanlar oniki adayı işgal ederler. Arkasından Balkan Savaşı kopar. Osmanlılar'ın eski komşuları Sırbistan, Bulgaristan, Karadağ ve Yunanistan birleşerek saldırıya geçerler. İki cephede savaşmak zorunda kalan Osmanlı Devleti İtalyanlar ile antlaşma yapar. Ve Trablusgarp'ı bırakmak zorunda kalır. Bu sırada Balkan Devletler'i Edirne'yi alır. Daha sonraları birbirlerine düşen Balkan Devletleri'nin bu durumundan faydalanın Osmanlı Devleti Edirne'yi geri alır. 1913 yılında imzalanan "Bükreş Antlaşması" ile Osmanlı Devleti Trakya ya kadar geri çekilir...

Atatürk'ün çizmiş olduğu haritanın bir bölümü böylelikle gerçekleşmiş olur...

Daha sonraları çıkan Birinci Dünya Savaşı sonunda birçok topraklar kaybedilmiştir. Arkasından da Anadolu da işgal edilince, düşman esareti altında yaşamamak için başlatılan Kurtuluş Savaşı sırasında ilk önce Türkiye'nin bu günkü Doğu sı-

"KURTULUŞ SAVAŞINDAN ÖNCEKİ KEHANETLERİ"

nırı çizilir. Bunu, Güneydoğu illerimizin bu günkü sınırının çizilişi izler. En sonunda düşmanın İzmir'den denize dökülmesiyle birlikte; Türkiye Cumhuriyeti'nin, 1907'de Mustafa Kemal tarafından çizilen harita ortaya çıkar.

Bütün bu gelişmelerden sonra şunu kesin olarak görüyoruz ki, Mustafa Kemal çıkacak savaşları sonuçlarıyla birlikte bilmekteydi. Yıllar öncesinden çizmiş olduğu harita bunun en büyük kanıtıdır.

İnönü için söylediği kehaneti

Birinci Dünya Savaşı sıralarıdır...

İkinci Ordu Kumandanı İzzet Paşa rahatsızlığı sebebiyle İstanbul'a gitmesi üzerine, Ordu Kumandan Vekili olarak Mustafa Kemal karargahın bulunduğu Pola civarındaki Sakrate Köyü'ne geldi.

Kış o sıralarda pek şiddetli geçiyordu. Ordu iaşe hususunda da sıkıntı içindeydi. Mustafa Kemal komutayı aldığının ikinci günü, evvelce hazırlanmış olan plan gereğince orduyu kışı geçirmek üzere, belli bir hatta çekilme emri verdi. İsmet bey (İnönü) de o günlerde tayin olduğu bir kolorduya Kumandan olarak oradan ayrılmak üzereydi. Mustafa Kemal'in komutasındaki ordu Diyarbakır'a nakledilirken, İsmet bey de yeni vazifesine gitmek için hareket etti...

1916 yılının Aralık Ayı'ydı...

Diyarbakır seyahati zorluklar içinde Osmaniye'ye kadar yapıldı. Atla yol alınıyordu. Her taraf kalın kar tabakası ile örtülü idi. İlk geceyi arkadaşları ile beraber geçiren Mustafa Kemal pek neşeli değildi. Hep havadan ve askerin iaşesinden bahsediliyordu.

Söz bir ara İsmet Bey'den açıldı. Konuşmanın bir yerinde Mustafa Kemal arkadaşlarına dönerek:

"ATATÜRK'ÜN KEHANETLERİ"

— *"İsmet Bey gün gelecek Erkan-ı Harbiye Reisi olacak bir askerdir"* dedi.

Yani İsmet Bey'in Genel Kurmay Başkanı olacağını söylemiştir. İnanılacak gibi değil ama bu sözünü 1916 yılında söylemiştir. Hatırlanacağı üzere İsmet Bey bu göreve 1920 yılında gelmiştir...

Cemal Paşa hakkındaki kehaneti...

Atatürk geleceği önceden görebildiğini, zaman zaman bazı kişilere söylemekteydi. İşte bunlardan biri...

Bu olayı anlatan kişi, Cemal Paşa'nın hanımı Seniha Cemal hanımdır.

Mütarekeden 3-4 ay önce Atatürk Seniha hamınla yaptığı bir görüşme sırasında; Seniha hanıma hitaben şöyle der:

— *"Savaş kaybedilmiştir. Memleket batıyor. İşte sizin paşalarınızın uzak görüşlülüğü. Fakat ben idareyi elime alacağım ve bu paşaları mahkemeye vereceğim."*

Söz konusu ettiği paşaların içinde Seniha hanımın kocası da bulunmaktaydı.

Aradan 15 yıl geçer...

1933'de Atatürk Nuri Conker ile birlikte Suadiye Gazinosu'na gider. Orada yıllar önce konuştuğu Cemal Paşa'nın eşiyle karşılaşır. Cemal Paşa'nın eşine yıllar önce 1918'deki konuştuklarını hatırlatır...

Görüldüğü gibi Atatürk, seneler evvelinden yönetime geçeceğini açıkça söylemiştir. Ayrıca hemen hatırlatalım, Cemal Paşa Mısır'da Osmanlı Ordusu'nu iyi yönetemediği için mahkemeye verilmiştir.

***

"KURTULUŞ SAVAŞINDAN ÖNCEKİ KEHANETLERİ"

Gelecekte yapacağı devrimleri çok öncesinden söylemişti...

Geleceği adeta bu günmüş gibi gördüğüne şahit olanların sayısı bir hayli fazladır. İşte onlardan bir başkası daha...

Mustafa Kemal Selanik'te bulunduğu yıllarda gelecekte memlekette büyük bir devrim yapacağını dolaylı olarak arkadaşlarına anlatıyordu. Arkadaşları o zaman bu anlatılanları nasıl dinliyorlardı bilemiyoruz... Ancak bu gün o anlatılanları tüylerimiz ürpererek okuduğumuzu itiraf etmek isterim...

Selanik'ten Karaburun'a bir gece yapılan yürüyüşte, bir tepe üzerine gelirler. Arkadaşlarıyla oturup dinlenen Mustafa Kemal konuşmaya başlar... Parmağını ufka doğru uzatarak:

— *"Çocuklar şimdi şafak sökecek ve bir güneş doğacak. Ne mutlu ki dünyaya ışık verecek bu güneşi biz tepeden daha zevkle seyredeceğiz. Güzelliğinden hoşlanacağız..."*

On dakika sonra kızıllık arasından güneş doğmaya başlamıştı. Mustafa Kemal, gözlerini bulutların arasından sıyrılan kızıllıklardan ayırmayarak:

— *"Hayır... Hayır... Çocuklar..."* der ve ilave eder: ***"Ben bu sisli güneşi kastetmedim. Yarının güneşi daha aydınlık olacaktır."***

Bir başka konuşmasında ise:

— ***"Bizim beklediğimiz güneş, görkemli, azametli, kısacası her türlü varlığı ile yurdumuzu aydınlatacaktır"*** diyerek gelecekteki günleri çok önceden müjdelemiş ve buna da çok sayıda kişi şahit olmuştur.

Mustafa Kemal önceden uyarmıştı ama...

Mustafa Kemal "Üstün Sezme Gücü" ile herkes için sıradan sayılabilecek bazı raporlardan inanılmaz sonuçlar çıkara-

"ATATÜRK'ÜN KEHANETLERİ"

biliyordu... Ancak ne yazık ki çevresindekiler O'nun bu eşsiz sezme yeteneğini çok daha sonraları farkedebildiler...

İşte bununla ilgili ibret verici bir olay...

Çanakkale Savaşı sırasında Mustafa Kemal Nablus Karargahı'nda ikinci defa 7 nci Kolordu Kumandanı olduğu yıllarda yaşanan bu olayı kendisi daha sonraları şöyle anlatmıştır:

— *"Bir gün Erkanı Harbiye Reisi bana o günkü raporlarını okudu. Basit raporlardı, her zamanki gibi... Yalnız bu raporlar içinde bir nokta dikkatimi çekti..."*

... Evet görünürde hiç bir sonuç çıkartılamayacak bu rapordan Mustafa Kemal inanılmaz bir sonuç çıkartmış ve çok değil bir veya iki gün sonra İngilizler'in büyük bir taaruz başlatacakları sonucuna ulaşmıştı...

Bundan sonrasını yine Mustafa Kemal'in kendi anlatımından dinleyelim:

— *"Yataktan kalktım, giyindim. İş odasına girerek bir muharebe emri yazdım."*

Emirde şunlar yazılıydı:

"Düşman 19 Eylül akşamı taaruz edecektir."

— *"Sonra bu emre alınması gereken tedbirleri ilave ettim. Bu emri Grup Kumandanı olan Liman Fon Sanders Paşa'ya da gönderdim. Çok hürmet ettiğim bu zat, benim raporuma gülmüş ve 'ihtiyattan zarar gelmez' diye bana da bir şey söylemeye lüzum görmemiş."*

19 Eylül gecesi, kolordu kumandanlarını telefon başına çağırarak verdiği emirlerin ve alınması gereken tedbirlerin yerine getirilip getirilmediğini sordu. Kendisine tüm tedbirlerin alındığı bildirildi. Ancak ne yazık ki, kolordu kumandanları da böyle bir emri ciddiye almamışlar ve gerekli hiç bir önlemi almamışlardı.

Mustafa Kemal gerekli tedbirlerin alınıp alınmadığını öğrenmek için bir müddet sonra tekrar telefon açtı...

"KURTULUŞ SAVAŞINDAN ÖNCEKİ KEHANETLERİ"

Olayın sonucunu yine Mustafa Kemal'den dinleyelim:

— *"Ben daha telefon konuşmamı bitirmeden, düşman topçusu muharebe hattımız üzerine ateş etmeye başladı. Gece muharebe ile geçti. Benim ordumun sağ cenahındaki ordu yarıldı, esir oldu ve boş kalan cepheden geçen düşman süvarileri Leyman Fon Sanders'in karargahını bastı. Hakikat anlaşılmıştı. Fakat neye yarar..."*

İttihat ve Terakki yöneticilerini de önceden uyarmıştı...

Mustafa Kemal bir zamanlar üyesi olduğu İttihat ve Terakki yöneticileriyle de zaman zaman görüş ayrılığına düşmüştür. Bu görüş ayrılığının temelinde kendisindeki "Üstün Sezme Gücü" ile olayları çok öncesinden değerlendirebilme yeteneği yatıyordu.

O'nun bu özelliğini farketmeyen birçok kimse kendisini hayal perestlikle suçluyordu. Onların arasında İttihat ve Terakki yöneticileri de bulunuyordu...

Almanya seyehati dönüşünde İttihat ve Terakki Partisi'nin üst düzey yöneticilerinden birisi ile görüşen Mustafa Kemal anılarında o kişiyle olan görüşmesinde Osmanlı İmparatorluğu'nun I. Dünya Savaşını kaybedeceğini açıkça söylemiştir. Ancak onun bu görüşleri o yıllarda ciddiye alınmamıştır...

Osmanlı Ordusu'nun Erkan-ı Umumiye'nin (Genel Kurmay Başkanlığı'nın) en yüksek makamlarındaki dostlarından birisi ile görüş alış verişinde bulunduğu sıralarda yaptığı konuşmalar hayli dikkat çekicidir.

Mustafa Kemal Fatih Rıfkı Atay'a anlattığı anılarında şöyle diyordu:

— *"Muhatabıma ki Harbi Umumi'de* (I.Dünya Savaşı'nda) *vefat etmiştir; büyük bir hata içerisinde olduklarını söyledim. O zaman bana kendisi: 'Kemal... Kemal... Bizi rahat bırak, sonra vicdanen mesul olursun. Biz öyle şeyler yapacağız ki, neti-*

"ATATÜRK'ÜN KEHANETLERİ"

cesinden sen de memnun olacaksın. Dünya da hayretler içerisinde kalacaktır' dedi."

O zamanlar bu görüşe inanlar çoğunluktaydı ve Mustafa Kemal'i dinleyecek insanlar etrafında yok denecek kadar azdı. Kısacası yalnız adamdı. Bu nedenle ilk başlarda daha çok susmayı ve yeri geldikçe konuşmayı yeğledi. O devirlerde anlaşılması imkansız gibiydi... Çünkü O, yıllar sonrasını görüyor ancak çevresindekilerin çoğu içinde yaşadıkları günleri bile değerlendirebilmekten oldukça uzaktılar...

O günlerle ilgili anılarında şöyle diyor Mustafa Kemal:

– *"Ne söylersem bütün sözlerimin muhatapsız kalacağına kanaat ederek susmayı ve düşünmeyi tercih etim.Yalnız bu muhavereye kısa bir cümle ilave etmekten kendimi alamadım:*

'...Evet, çok şeyler yapacaksınız, fakat yapacağınız şeyler korkarım ki, memleketi çıkılmaz bir girdaba sokmaktan başka bir şeye yaramayacaktır. Eğer ben ve benim gibi düşünenler, o gün hayatta bulunursak, sizin bu günkü sözlerinizi takdirle yad etmeyeceğiz. Temenni ederim ki, bizi çıkılmaz müşkülat içinde terketmeyesiniz.'

Muhatabım sözlerimdeki ciddiyeti ve samimiyeti anlamamış görünerek: 'Merak etme kardeşim' dedi. Bu zat arkadaşları içerisinde en çok konuşabilen, en çok münakaşa edebilen ve zekasına en çok güvenenlerden biriydi..."

Gerek Atatürk, gerekse tarih boyunca geleceği önceden görme yeteneğine sahip olan liderler, peygamberler ve bu yeteneğe sahip diğer kişiler birçok felaketi çok önceden haber vermişler ve neler yapılması gerektiğini anlatmışlardır. Ancak ne yazık ki çoğunlukla çevresindekileri bunlara inandıramamışlardır.

Atatürk daha I. Dünya Savaşı'nın ilk günlerinden itibaren bu savaşın kaybedileceğini biliyordu. O yıllarda herkesi özellikle de ülkenin idaresini ellerinde tutan Enver, Talat ve Ce-

"KURTULUŞ SAVAŞINDAN ÖNCEKİ KEHANETLERİ"

mal Paşaları, onların yakın çalışma arkadaşlarını hatta son padişah Vahidettin'i bile uyarmayı kendisine görev bildi ama başarılı olamadı.

Ona güvenen sağ duyulu Anadolu halkından başkası olmadı... Bu da kazanılacak zafer için yeterliydi zaten...

Onun parapsikolojik yeteneklerinin yanısıra askeri dehası başarıyı getirmekte gecikmedi...

Behiç Erkin'e yazdığı mektubu...

16 Temmuz 1912 tarihinde yakın arkadaşı Binbaşı Behiç Erkin'e yazdığı mektupta Mustafa Kemal, Derne'de bir avuç kahramanla Trablusgarp'da canla, başla uğraşarak Ülke'nin şeref ve izzeti nefisini korumaya çalıştıklarını belirtirken, siyasi akımların ne feci neticeler doğuracağını da hissedebiliyordu:

"... İhtiras ve mantıksızlık yüzünden koca Osmanlı Devleti'ni mahvedeceğiz. Kuvvetli bir Osmanlı İmparatorluğu vücuda getirmeyi tasavvur ederken vaktinden evvel, esir, sefil ve rezil olacağız..."

O devirlerde kendisinin bu görüşlerini kimse ciddiye almıyordu... Ancak aradan geçen yıllar, Mustafa Kemal'in ne kadar haklı olduğunu tarih önünde gözler önüne sermekte gecikmedi... Keşke O'nu, o devirlerde anlayabilecek birkaç yetkili çıksaydı... Ancak çıkmadı... Ve söylemiş olduklarının hepsi gerçekleşti...

Hem de hepsi...

Sorun çıkmadan önce çıkacak sorunu...
Ve o sorunun çözümünü de söylüyordu...

Yıl: 1909... Evet... Şimdi aktaracaklarım 1909 yılında yaşanan olaylarla ilgilidir. Ancak o devirden değil, o devirden çok

"ATATÜRK'ÜN KEHANETLERİ"

daha sonraları ile ilgili olaylardan bahseden tarihi belgelerdir bunlar. Bunları ortaya atan da şüphesiz ki Mustafa Kemal'den başkası değildi...

Atatürk'ü daha Kolağası (Önyüzbaşı) iken Selanik'ten tanıyan silah arkadaşı Tevfik Bıyıklıoğlu yaşadığı olayları şöyle anlatıyor:

Ben o vakit Selanik'deki 15. Nümune Topçu Alayı'nın emir subayı idim. Komutanımız Von Andertin isminde bir Alman Albayı idi. 1909 yılının sonbaharında Karaferya istikametinde atlı seyehate çıktık. Seyehatimizin ilk saatlerinde peşimizden tek başına doludizgin at sürerek gelen bir Kurmay Subay, komutanın yanında atını durdurdu. Selam verdi ve kendisini takdim etti: "Ben Ordu Erkanı Harbiyesi'nden Kolağası Mustafa Kemal.' Ve ilave etti: 'Müsade ederseniz sizin tatbikatınıza iştirak edeceğim."

Komutan bu teklifi memnuniyetle karşıladı. Mustafa Kemal bey kafileye katıldı. Akşam geç vakte kadar at üzerinde bizimle beraber, topçunun yeni anlayışlara göre kullanma usulleri hakkındaki incelememize iştirak etti. Akşamüstü Yenice Vardar' vardık. Orada bir topçu alayı bizi misafir etti.

Akşam bütün subaylar bir sofra etrafında toplandık. On saatten fazla at üzerinde dolaşmış olduğumuzdan çok yorgunduk. Biran evvel istirahat etmeyi düşünüyorduk. Sofrada şarap da içilmişti. Yemeğin sonuna doğru Alay Komutanımız kalktı ve: 'Arnavutluk isyanını bastıran Osmanlı Ordusu'nun şerefine içiyorum' dedi. Bu teklif karşısında hepimiz kadehlerimizi kaldırdık ve Osmanlı Ordusu şerefine içtik. Hepimiz dağılmaya hazırlanırken Kolağası Mustafa Kemal bey ayağa kalktı: "Arkadaşlar..." diye söze başladı... Ben de Almanca'ya tercüme ediyordum...

– "Arkadaşlar bana dikkat edin... Sözlerime kulak verin... Osmanlı Ordusu değil, Türk Ordusu bir gün gelecek, Türk Varlığı'nı, Türk istiklalini kurtaracaktır. İşte asıl o vakit se-

"KURTULUŞ SAVAŞINDAN ÖNCEKİ KEHANETLERİ"

vineceğiz. İftihar edeceğiz. İşte o vakit Türk Ordusu görevini yapmış olacaktır."

Bu sözlerin 1909 yılında söylenmiş olmasına dikkatlerinizi bir kez daha çekmek istiyorum... O yıllarda Osmanlı Devleti'nin yıkılacağını, onun yerine Türk Ordusu'nun ortaya çıkacağını ve bütün bunların da çok yakın bir süre sonra olacağını söyleyen kim olursa olsun, ona deli gözüyle bakılırdı. Şunu da hatırlatmakta fayda görüyorum ki; O devirde Osmanlı'nın ve Padişahlığın kıyamete kadar yaşayacağına dair köklü bir inanç topluma hakim durumdaydı. Bunun aksini düşünmek bile imkansızdı...

Gerçekten de inanılacak gibi değil...

Ülke istila edilmeden önce, istila edileceğini, Kurtuluş Savaşı'nın yapılacağını ve bu savaşı yapacak ordunun da Osmanlı Ordusu değil de, Türk Ordusu olacağını söylemesi normal mantıksal kurallarla açıklanabilecek bir mesele değildir...

Geleceği görebilme yeteneğini zaman zaman böyle toplantılarda söyledikleriyle hissettiren Mustafa Kemal yaşamı boyunca kendisindeki bu özelliği açıkça ifade etmemiştir. Kendisinin bu özelliğini, bizler ancak yıllar sonra gelişen tarihi olaylara bakarak anlayabiliyoruz. O devirde kendisine belki de deli gözüyle bakanlar bile çıkmıştır...

Osmanlı'nın işgal edileceğini son ana kadar ısrarla anlatmaya çalıştı...

Yıllarca önce söyledikleri artık yaklaşmaya başlamıştı. O, son bir gayretle meydana gelecek kötü olaylar hakkında çevresindekileri uyarmaya çalışmaya devam etti. Ancak hala O'na inanan yetkililer ortada yoktu... Ama O, elinden geldiğince son ana kadar olacakları söylemekten vaz geçmedi...

Sonunda ne oldu?... Bunu hepimiz zaten biliyoruz...

1900'lü yılların başından beri Osmanlı'nın işgal edileceğini

"ATATÜRK'ÜN KEHANETLERİ"

söyleyen Mustafa Kemal artık sonun başlangıçına iyice yaklaşıldığını gayet iyi biliyordu...

I. Dünya Savaşı sona erdiğinde Atatürk, Güney'de Yıldırım Orduları Grup Komutanlığı'nda bulunuyordu. Hükümet devrilmiş, İzzet Paşa Sadrazam olmuştur. Bu arada mütareke şartlarına göre Osmanlı Ordusu silahtan arındırılıyordu. Mustafa Kemal kendisine iletilen şartların iyi olmadığını, bundan düşmanların aleyhimize kolayca istifade edebileceklerine işaret ederek, Sadrazam ve Başkumandanlık Erkanı Harbiye Reisi İzzet Paşa'ya çektiği telgrafta şöyle diyordu:

– *"Her ne olursa olsun, İngiltere ile yapılan anlaşma, Devleti Osmaniye'nin siyanet ve selametini kafi mana ve mahiyette değildir. Gerekli önlemler alınmazsa bu gün Toros hattını, yarın Konya Şehri'ni isterler."*

İzzet Paşa ile şiddetli bir telgraf görüşmesi yapan Mustafa Kemal görevinden istifa eder. Artık yapılabilecek bir şey kalmamıştır. Yıllar öncesinde gördükleri bir bir gerçekleşmekte ve O'nu hala bir dinleyen çıkmamaktadır!...

Bundan sonrasını bekleyen felaketleri çok yakından hisseden Mustafa Kemal İzzet Paşa'ya çektiği son telgrafta şöyle diyordu:

"Düşmanların her dediğine başüstüne demekle otaya çıkacak sonuç bütün memleketi işgalcilere teslim etmek olacaktır. Bir gün Osmanlı Kabinesi'nin düşman tarafından tayin edileceğini göreceksiniz."

Maalesef Mustafa Kemal'in bu son sözleri de gerçekleşmiştir. Bilindiği gibi İngilizler daha sonraları önce İstanbul'u işgal ettiler. Arkasından Yunanlıları Anadolu'ya çıkartıp, Ankara üzerine gönderdiler. Fransızlar ve İtalyanlar Güney İllerimizi işgal etti. En sonunda da Padişah Vahidettin'e Damat Ferit Paşa Kabinesi'ni atamasını istediler. Damat Ferit ve Kabinesi ise Kurtuluş Savaşı'nı engellemek için elinden gelen her şeyi yaptı ve Türk Milleti'ni çok büyük zararlar verdi...

"KURTULUŞ SAVAŞINDAN ÖNCEKİ KEHANETLERİ"

Ancak tüm bu olumsuzlukların gerçekleşmesiyle beraber, Mustafa Kemal'in yine yıllarca önce 1909 yılında söyledikleri de gerçekleşerek; Yurdumuzu işgalcilerin elinden Osmanlı Ordusu değil, Atatürk'ün önderliğindeki Türk Ordusu kurtarmıştır...

Masonlarla hiç bir zaman anlaşamamıştı...

Nafi Nezareti Fen Heyeti Müdürü Selanikli Mühendis Osman Fikri Bey, memuriyetinde ve aynı günlerde Mason Teşkilatı içerisinde bir derece yükselmesi nedeniyle Pangaltı'daki Doktor Rasim Ferit Bey'in evinde arkadaşlarına bir ziyafet veriyordu... (O zamanlar Mason Cemiyeti kanuni bir dernek olarak faaliyet gösteriyordu. Cumhuriyet'in ilanından sonra kapatıldı. Daha sonra yasal olarak yeniden açılmasına izin verildi.)

Yemekte Mason teşkilatının üst düzey temsilcileri de bulunuyordu. Üstad-ı Azam Mehmet Ali Baba da davetliler arasındaydı...

Gece boyunca sohbetlerin başlıca konusu Alman Orduları'nın cephelerdeki başarıları ve İttihat ve Terakki Cemiyeti'nin faydalı hizmetleriydi...

Gelişmeler o günlerde -görünürde- onların söyledikleri yönde ilerliyordu. Fransız Ordusu Verdun Kalesi'ne çekilmişti. Fransız Hükümeti de Paris'i terk etmiş, Türk, Alman, Bulgar Basını Alman Orduları'nın zaferden zafere koşmakta olduklarını yazıyordu.

Evet... Gerçekten de görünürde haklı gibiydiler... Sıradan herkes bu şekilde düşünebilirdi... Ancak o toplantıda sıradan olmayan biri daha vardı ve O, hiç de onlar gibi düşünmüyordu... O sıradışı kişi Mustafa Kemal'den başkası değildi...

Aynı mecliste bulunan Mustafa Kemal diğerlerinin aksine şöyle bir konuşma yaptı:

— *"Arkadaşlar, zaferden zafere koşan Alman Orduları*

"ATATÜRK'ÜN KEHANETLERİ"

Fransız savunma hatlarında durmuştur. Amansız hamleleriyle çelik kaleleri yıkan Alman Ordusu'nun tam kati neticeleri alacağı zamanda ve meydan muharebesinin en canlı faal devresinde duruşu iyi manaya delalet etmez. Hatta benim görüşüme göre Alman Ordusu'nun durması ile mağlup olması eşittir. Memleketim için çok feci akıbetler hazırlayacak olan şu kanaatim maalesef kuvvetlidir. Alman Orduları ve müttefikleri mağlup olacaktır. Hatta yenilmiştir bile... Sonuç Alman Orduları'nın yenilgisiyle neticelenecektir..."

Daha savaşa girmeden önce İttihat ve Terakki Partisi'nin yöneticilerini uyaran Mustafa Kemal, geleceği bilmenin verdiği yeteneği sayesinde, herkesin düşüncesinin dışında Almanlar'ın zafer kazanacağını değil de, mağlup olacaklarını savaşın hemen başında iddia etmesi hayli ilginçtir.

Atatürk'ü şüphesiz ki bir kahin olarak göremeyiz. O, Parasikoloji'nin incelediği olağanüstü bir gücün sahibiydi.

"Üstün Sezme Gücü" ile birçok olayda olduğu gibi burada da olayların gelecekte nasıl şekilleneceğini söyleyebilmiştir. Hem de herkes farklı düşünürken...

O tarihlerde ne ülkeyi yöneten ne Padişah, ne Sadrazam, ne de Nazırlar, hatta Osmanlı Ordusu içindeki Subaylar bile bu savaşın aleyhlerine neticeleneceğini göremiyorlardı. I. Dünya Savaşı'na katılmamamız gerektiğini defalarca açıklayan, ülkenin felakete sürükleneceğini söyleyen Mustafa Kemal'e o günlerde hiç kimse inanmamıştı...

O kehanetlerini hep gizleyerek, sadece bir tez olarak ileri sürmüştür. Kendisinde bulunan "Üstün Sezme Gücü"nden onlara nasıl açıkça bahsedebilirdi ki?...

Düşman donanması ile ilgili kehaneti...

Almanya ile birlikte, Birinci Dünya Savaşı'na giren Os-

"KURTULUŞ SAVAŞINDAN ÖNCEKİ KEHANETLERİ"

manlı İmparatorluğu her şeyini kaybetmiş durumda idi.

30 Ekim 1918'de imzaladığı Mondros mütarekesi ile Türk toprakları işgale uğruyordu. Kısacası, Osmanlı İmparatorluğu topraklarını kaybettiği gibi yavaş yavaş tarih sahnesinden de silinmeye başlamıştı...

İstanbul'un işgal edildiği günlerde, İstanbul'a dönen Mustafa Kemal düşman zırhlılarını Dolmabahçe önünde gördüğü zaman büyük bir üzüntüye kapılmış ve ağzından sadece şu sözler dökülebilmişti:

"Geldikleri gibi gidecekler..."

Kurtuluş Savaşı kazanıldıktan sonra Mudanya mütarekesi imzalandı. Bunu Lozan Antlaşması izledi. İstanbul'u işgal eden kuvvetler geldikleri gibi gittiler.

İşin ilginç tarafı, 16. Yüzyılda Fransa'da yaşayan ünlü kahin Michel Nostradamus'un da bu konuyla ilgili bir kehanetinin bulunmasıdır!...

1555 yılında yayınlanan ve Nostradamus'un tarihi olaylar, savaşlar ve keşiflerle ilgili kehanetlerinin açıklandığı "Centurien" isimli kitapda Mustafa Kemal Atatürk'ten de bahsedilmiş ve yukarıdaki konuyla ilgili bir kehanete yer verilmiştir. İnanılmaz kehanet şu dörtlükten oluşmuştur:

Kongre başkanını tutan devlet adamları
İşgal kuvvetlerince sürülecek Malta'ya
Girilmiş İstanbul'a alınmış Rodos Adası
Ama geldikleri gibi gidecekler sonunda

Bu dörtlükte Nostradamus yüzyıllar öncesinden geleceği görerek, Türkiye'yi, Kurtuluş Savaşı'nı ve Mustafa Kemal Atatürk'ü bilmiştir.

Dörtlüğün sonunda geçen:
"Ama geldikleri gibi gidecekler sonunda" sözüyle; Ata-

"ATATÜRK'ÜN KEHANETLERİ"

türk'ün: *"Geldikleri gibi gideceklerdir"* sözünün de bu kadar büyük bir benzerlik oluşturması da ayrıca üzerinde durulması ve düşünülmesi gereken bir rastlantıdır.

4 Eylül 1919'da hatırlanacağı gibi Sivas Kongresi toplanmıştı. Kongre Başkanlığı'na, işgal kuvvetlerine ve İstanbul Hükümeti'ne karşı açıkça tavır alan Mustafa Kemal seçilmişti. Kurtuluş Savaşı'nı ve Atatürk'ü destekleyen İstanbul'daki meclite olan milletvekilleri de işgal kuvvetlerince Malta Adası'na sürgüne gönderilmişti. Bu hatırlatmanın ışığında yukarıdaki dörtlük tekrar okunacak olursa, işin içinde bir şeyler olduğu daha iyi anlaşılacaktır...

Hz. Muhammed ve telepati...

Parapsikolojik yeteneklerin varlığıyla ilgili Hz. Muhammed peygamber'in de ilginiç bir olayı vardır... Yeri gelmişken değinmeden geçmek istemiyorum...

Hz. Muhammed bir gün Mekke'de otururken, imana davet ettiği halde imana gelmeyen Ebu Cehil kendisinin yanına gelir. Peygamberimize dönerek şöyle sorar: *"Sen peygamber olduğunu iddia ediyorsun. Elimde tuttuğum taşların sayısını doğru olarak bilir misin?"* Hz. Muhammed ona: *"Sen bu taşları götür bir yerde gizlice say öyle gel"* der. Ebu Cehil bunun üzerine gitti, gizli bir köşede saydı ve geldi. Hz. Muhammed'e dönerek avucunda kaç taş olduğunu sordu... Hz. Muhammed Ebu Cehil'in elinde tuttuğu taşların adedini kendisine söyleyiverdi. Ebu Cehil bunu hiç beklemiyordu. Şaşırmıştı... Hz Muhammed Ebu Cehile hitaben son olarak şöyle der:

— *"Bu bir ilimdir, ancak herkes bunu bilemez..."*

Burada önemli olan nokta Hz. Muhammed'in bunu bir mucize olarak değil de, bir ilim olarak ortaya koymasıdır. Gerçekten de bu bir ilimdir ve bu ilmi günümüzde Parapsikoloji "telepati" adı altında incelemektedir. Böylece, bu ilmin iste-

"KURTULUŞ SAVAŞINDAN ÖNCEKİ KEHANETLERİ"

nirse herkes tarafından öğrenilebileceği sonucu da ortaya çıkar.

İşte o devirlerde herkes tarafından bilinmeyen bu ve buna benzer ilimleri günümüzde artık Parapsikoloji inceliyor ve konuya açıklamalar getirmeye çalışıyor...

Ancak günümüzden çok daha eski dönemlerde, bu ilimden haberdar olanlardan biri de Mustafa Kemal idi...

Yeri gelmişken bir noktaya açıklık getirmek istiyorum...

Bu tür Parapsişik yetenekler sonradan çalışılarak geliştirilebileceği gibi, bazı kişilerde bu yetenekler, doğuştan kendiliğinden de ortaya çıkabilmektedir.

Durum böyle olunca hemen akıllara bir soru geliyor... Peki bu yetenekler Atatürk'te doğuştan itibaren kendiliğinden mi ortaya çıkmıştır, yoksa sonradan çalışılarak mı gelişmiştir? Maalesef bunu tam olarak bilemiyoruz. Bu konuda elimizde hiç bir kanıt yok...

Elimizdeki tek kanıt onun ne şekilde ortaya çıktığını bilemediğimiz çok üstün bir sezgisel yeteneğe sahip olduğudur. Bu kanıtı da tarihe geçen olayların ardında buluyoruz...

Sevgili okuyucular...

Bu bölümümüzü Atatürk ile ilgili görülen bir rüya ile bitirmek istiyorum...

"Sağ elimi Mustafa Kemal'e uzattım..."

Kurtuluş Savaşı sırasında Anadolu'da bulunan, Hz. Muhammed ahfadından Şeyh Ahmed Sünusi, bir gece rüyasında Hz. Muhammed'i görür. Derhal koşarak elini öpmek ister. Hz. Muhammed kendisine sol elini uzatınca buna şaşıran ve üzülen Şeyh: *"Ya Resulallah, niçin bana sağ elinizi uzatmadınız?"* diye sorar. Hz. Muhammed şu cevabı verir: *"Sağ elimi Ankara'da Mustafa Kemal'e uzattım..."*

III. BÖLÜM

ATATÜRK'ÜN KURTULUŞ SAVAŞI SIRASINDAKİ KEHANETLERİ

Bu bölümde Mustafa Kemal'in Kurtuluş Savaşı'ndan az önceki ve Kurtuluş Savaşı yıllarına denk gelen kehanetlerini sizlere aktarmaya çalışacağım...

Hacı Bektaşı Veli'yi ziyaretindeki gizli görüşmesi...

Anadolu'ya 19 Mayıs 1919'da çıkan Mustafa Kemal, Kurtuluş Savaşı'nı gerçekleştirebilmek amacıyla çeşitli destekleri de kimlerden görebileceğini düşünüyordu.

Erzurum ve Sivas Kongresi'nin ardından Ankara'ya gitmeden önce arkadaşlarıyla birlikte Hacı Bektaş bucağına uğrar. Burada yatan ve Horasan'dan buraya gelmiş olan ünlü Sufi Hacı Bektaşı Veli'nin türbesini ziyaret eder. Anadolu tasavvufi düşünürlerinin en ünlülerinden olan Hacı Bektaşı Veli, aynı zamanda Aleviler ve Bektaşiler için de çok önemli bir zattı.

Dergahı ziyaret etmek üzere gelen Mustafa Kemal'i Bektaşi lideri Cemalettin Çelebi karşılar. O tarihlerde Anadolu'da

"ATATÜRK'ÜN KEHANETLERİ"

yaşayan Alevi Cemaati'nin 3 ila 4 milyon arasında olduğu tahmin ediliyordu. Cemalettin Çelebi ve ileri gelenlerle gizli bir toplantı yapan Mustafa Kemal şu açıklamalarda bulunur:

1- Kurtuluş Savaşı'nı yapmak zorundayız. Savaşı kazanacağız. (O sırada İstanbul'un yanısıra, Anadolu'nun da büyük bir bölümü işgal altındaydı.)
2- Padişah ve halifelik kaldırılacak.
3- Egemenlik: Din, Dil, Mezhep ve Tarikat ayrıcalığı olmadan Türk halkına ait olacak.
4- Halk kendisini yönetenlerini seçecek.
5- Kadın - erkek eşitliği sağlanacak.

Görüşmeler sürerken, Cemalettin Çelebi, Mustafa Kemal'e: *"Paşa hazretleri, cesaretli ve öngörüşlü yönetiminizde Türk Ulusu'nun düşmanı kahredeceğine inancım sonsuz. Ulu Tanrı'nın ulusumuza bağışlayacağı zaferden sonra Cumhuriyet ilanını düşünüyor musunuz?"* dedi.

Çelebi'nin Cumhuriyet sözcüğünü böylesine açık yürekle söylemesi üzerine Mustafa Kemal Paşa heyecan ve dikkatle Cemalettin Çelebi'nin gözlerine bakıyor, biraz daha yaklaşıyor, onun elini avuçlarının içine alıyor. Kulağına fısıldar gibi yavaş fakat kararlı bir ses tonuyla:

— *"O mutlu günün ilanına kadar aramızda kalmak koşuluyla 'evet' Çelebi hazretleri, Cumhuriyeti ilan edeceğim."*

O günlerde düşünülmesi bir yana akla dahi zor getirilebilecek bu büyük değişimleri kesin olarak başarabileceğinden bu kadar emin olabilmek, normal izah yollarıyla açıklanabilecek bir kararlılık değildir. Bir insanın bu kadar kendisinden emin bir tarzda hareket edebilmesinin tek bir izahı var: "Üstün Sezme Gücü..."

"KURTULUŞ SAVAŞI SIRASINDAKİ KEHANETLERİ"

Düşmanın adeta zihnini okuyordu...

19. Fırkası ile Çanakkale'de savaşa hazırlanan Mustafa Kemal düşman ordusunun nereye çıkartma yapacağını önceden biliyordu. Hem de hiç kimsenin aklına gelmeyecek bir yerden düşmanın çıkartma yapacağını önceden hissedebilmişti. Bu büyük ön görüsü düşmana Çanakkale'yi geçilmez yapmıştır.

Düşmanın adeta atacağı her adımı önceden biliyordu. Sanki daha önce gördüğü bir filmi yeniden seyrediyormuşcasına tüm olaylara hakim olabiliyordu. İngiliz ve Fransızlar'ın nereye çıkartma yapacaklarını çok iyi bilen Mustafa Kemal o günleri şöyle anlatıyor:

— "Benim kanaatime göre düşman ihraç teşebbüsünde bulunursa iki noktadan teşebbüs ederdi. Biri Seddülbahir, diğeri Kabatepe civarı. Ve benim noktai nazarıma göre düşmanı karaya çıkartmadan bu sahil parçalarını doğrudan doğruya müdafaa etmek mümkün değildi. Binaenaleyh Alayları'mı böyle sahilden müdafaa edecek surette yerleştirdim."

1915 yılında Mustafa Kemal'in söyledikleri yine çıkıyor. Kimsenin tahmin bile edemeyeceği Seddülbahir ve Kabatepe'ye düşman asker çıkartma teşebbüsünde bulunuyor... Ancak bunu önceden hissedebilen Mustafa Kemal gerekli önlemleri çoktan almıştı bile... Bu sayede düşmana büyük bir darbe yedirtiliyor.

O günlerle ilgili Mustafa Kemal'in kayıtlara geçen sözleri son derece düşündürücüdür:

— "5 Mart günü donanmasıyla boğazı zorlayan düşman ordusu bir maksat elde etmekten ümidi kestiklerine hükmediyorum. Mutlaka sahile çıkacaklar."

Örnekleri çoğaltmak mümkün, ancak sonuç hiç değişmeyecektir. Atatürk düşmanın nefes alışını bile sanki duyabiliyordu... Her şeye hakim olması ve sarsılmaz iradesinin altında

"ATATÜRK'ÜN KEHANETLERİ"

yatan en büyük sır buydu işte...

4 Mayıs 1915 tarihine kadar Çanakkale'de düşmana karşı başarılı savaşlar verilir. Savaşı cephenin en yakın noktalarından idare eder. Düşman komutanlarının atacakları her adımı önceden bilir. Hatta morallerinin hangi düzeyde olduğunun bile tahlilini yaparak, askerlerine bu konuda da bilgiler verir. Gerçekte tüm kuvvetler ona verilseydi O da olağanüstü yetenekleri ile daha kısa sürede ve en önemlisi belki de çok daha az kayıpla bu savaşı kazanabilirdi. Ancak rütbesi buna müsait değildi.

Çanakkale Savaşları içerisinde Mustafa Kemal'in en dikkat çekici olaylarından bir tanesi; Conkbayırı'nın arkasına saldıracak düşmanın herakatını 3 ay öncesinden bildirmesidir. Bu olay da tarihi kayıtlara geçmiş durumdadır. Mustafa Kemal buna göre bir plan hazırlayarak üstlerine durumu bildirmiş olmasına rağmen maalesef Esat Paşa ve Kurmay Subaylarını buna inandıramamıştır. Ne varki kendisinin söylemiş olduğu gibi 3 ay sonra aynı noktadan hücum eden düşmanı yine kendisi durdurmayı başarmıştır.

İşte tarihi kayıtlardan olayların gelişimi...

Atatürk'ün ısrarlı raporları üzerine Kuzey Grubu Kumandanı Esat Paşa ve Kurmayları O'nun yanına geldiler. Mustafa Kemal'in fikirlerinin isabetli olmadığı görüşünü savunuyorlardı.

Bundan sonrasını Mustafa Kemal şöyle anlatıyor:

– *"Hep birlikte Düztepe'ye çıktık. Buradan Sazlıdere ve bunun Kuzey ile Güneyi'ndeki arazi ve daha ileride deniz sahili, Suvla Limanı, oradan görülen Tuzla Gölü ve oradan da Doğu'ya yükselen tepeler ve en yüksekte Kocaçimen Tepesi bir panorama gibi görülüyordu. Bütün arazi bize doğru teferuatı gölgelere karışarak görülüyordu. Bu manzara karşısında Kolordu Erkanı Harbiye Reisi: 'Bu arazide ancak çeteler yürüyebilir' dedi. Kolordu Kumandanı bana hitap ederek: 'Düşman*

"KURTULUŞ SAVAŞI SIRASINDAKİ KEHANETLERİ"

nereden gelecek?' dedi. Elimle Arıburnu istikametini ve Suvla'ya kadar bütün sahili göstererek: 'Buradan...' dedim. Kolordu Kumandanı gülerek omuzumu okşadı ve 'Merak etme beyfendi gelemez' dedi.

Meramımı anlatmamın mümkün olmadığını görünce artık münakaşaya lüzum olmadığını gördüm. Yalnız 'İnşallah efendim sizin takdiriniz veçhile olur' dedim.

Tasavvur ettiğim ve tasvirine çalıştığım düşman teşebbüsü 24 Temmuz'dan itibaren aynen vaki olmaya (gerçekleşmeye) *başladığı zaman üç ay evvel düşüncemi takdir etmemekte ısrar edenlerin nasıl mütehassis* (üzüntülü) *olduğunu bilemem. Yalnız fikren hazırlanmamış oldukları herakatı geçici tedbirlerle vaziyeti umumiyeyi ve vatanı pek büyük tehlikeye maruz bıraktıklarına şahit oldum."*

Mustafa Kemal'in Parapsikolojik Gücü ile Kafkas Cephesi'nde kazandığı büyük başarı...

Birinci Dünya Savaşı'nın o karanlık yıllarında, hiç yoktan savaşa giren Osmanlı Develeti, çeşitli cephelerde savaşmak zorunda kalmıştı. Malzeme ve asker yönünden kuvvetli düşmanlara başarıyla karşı koyan Osmanlı Orduları Kafkas Cephesi'nde zor durumda idi. O sıralarda başlı başına bir kahramanlık abidesi olan Çanakkale Zaferi'nden sonra Mustafa Kemal'e yeni bir görev verdiler. 1916 sonbaharında Kafkas Cephesi'nde İkinci Ordu Kumandanlığı'na gönderildi. İkinci Ordu o esnada gayet nazik bir durumda bulunuyordu. İkinci Ordu'nun elinde tutuğu mevziler, Çapakçur Boğazı'nın Kuzey ve Doğusu'ndaki dağlardı. Ve bu dağlar üzerinde yorgun ve zayıf bir orduyu o civarda çok şiddetli kış aylarında araç ve malzemesiz bırakmak bir felaketti.

İkinci Ordu'nun bu zor durumunu Başkumandanlık gibi Kafkas Cephesi Kumandanlığı da görmüştü. Fakat bir türlü

"ATATÜRK'ÜN KEHANETLERİ"

mesuliyeti üzerlerine alarak geri çekilme emri veremiyorlardı. İşte bu sırada genç bir ordu kumandanı olan Mustafa Kemal, Çanakkale'de kazandığı parlak şöhretini tehlikeye koyacak tarzda bir tedbire baş vurdu...

Çapakçur Boğazı'nın Kuzey ve Doğusu'ndaki dağlar üzerinde Emniyet Kuvvetleri bırakmak şartıyla ordunun büyük kısmını geriye çekeceğini ve bundan doğacak sorumluluğu kabul edeceğini Başkumandanlığa bildirdi.

Bu son derece riskli bir karardı. Çapakçur Boğazı'ndan geri çekilince, Rusların herhangi bir direniş ile karşılaşmadan bu önemli mevzileri ele geçirmeleri, böylelikle de Osmanlı Ordusu'nu mağlup etmeleri olanak dahilindeydi. Ancak böyle bir şey olmadı. Fakat böylesine son derece önemli bir kararı alabilmek için Rusların nasıl hareket edeceklerini önceden bilmek gerekirdi. Aksi takdirde hiç bir kimsenin böylesine büyük bir riski üstlenmesi mümkü olamazdı. Nitekim kedisinden başka hiç bir komutan buna cesaret edememişti!...

Mustafa Kemal bu inanılmaz kararıyla Kafkas Cephesi'nde son derece önemli bir başarıya imza atmıştır.

İstihbarat Şubesi yanılıyor...

Sakarya Savaşı'nın en kritik anları... Türk Ordusu çekiliyor... Mustafa Kemal: *"Hattı müdafa yok, sathı müdafa vardır"* diye emir veriyor. Yunan Ordusu adım adım Ankara'ya doğru ilerliyor... Devlet merkezi taşınmak üzere...

İşte tam bu sırada, Türk Genel Karargahı'nın İstihbarat Şubesi; sol cenaha doğru ilerleyen Yunan kuvvetlerini durdurabilmek için elde askeri kıtalar bulunmadığını ve her şeyin kaybedilmiş olduğuna dair rapor vermişti. Ancak Mustafa Kemal kesinlikle aynı düşüncede değildi. Yine de İstihbarat Şubesi'nin bildirdiği durumu bizzat tetkik için; son bir hafta zarfında Yunan harekatını gösteren bütün raporları gözden geçirdi.

"KURTULUŞ SAVAŞI SIRASINDAKİ KEHANETLERİ"

Daha sonra İsmet Paşa'ya dönerek sükunetle şöyle dedi:
— *"İstihbarat Şubesi yanılıyor. Düşmanı mağlup ettik..."*
Herkes şaşırıyor. İnanmıyorlar. Aradan bir müddet geçiyor. Gelen haberler düşmanın mağlup edilmeye başlandığını, zaferin kazanılmak üzere olduğunu bildirmeye başlar.

İnanılacak gibi değil ama İstihbarat Şubesi ve herkes savaşın kaybedildiğini söylerken, O "Üstün Sezme Gücü" ile savaşın kazanıldığını büyük bir kararlılıkla ileri sürüyordu. Resmi raporlara değil, O, içindeki sese kulak vermiş ve bir kez daha haklı çıkmıştı...

Yunanlılar'ın savaş planlarını biliyordu...

Savaşta zaferin ilk adımı düşmanın niyetini önceden kestirmektir. Hatta keşfetmektir. Sakarya Savaşı olurken, Yunan Ordusu'nun başkomutanı olan Konstantin'in harp planlarını Mustafa Kemal kendi eliyle çizmiş gibi biliyordu ve şöyle diyordu:

— *"Düşman bizi solumuzdan Haymana'ya sarkarak vuracak. Düşmanın bize solumuzdan ne yapacağını bilmek ve ne yapacağımızı düşmana bildirmemek gerekir."*

Bazı şeyleri önceden bilmek Mustafa Kemal'e sarsılmaz bir güç ve başarıya karşı olan inancının gittikçe güçlenmesine sebebiyet veriyordu. En zor şartlarda bile ortaya çıkarak kendinden emin bir ifadeyle: *"Milletimizi esir etmek isteyen düşmanları, behemal mağlup edeceğimize dair olan emniyet ve itimadım bir dakika olsun sarsılmamıştır. Bu dakikada bu inancımı yüksek heyetinize karşı, bütün millete karşı ve bütün aleme karşı ilan ederim"* derken herkese büyük bir güven telkin ediyordu...

Ve sürekli olarak zaman onu haklı çıkartıyordu...

"ATATÜRK'ÜN KEHANETLERİ"

Mustafa Sagir'in casus olduğunu ilk konuşmada bilmesi...

16 Mart 1920'de İstanbul'un işgal edilmesi üzerine, Kemalettin Sami Paşa Anadolu'ya geçerken gemide bir Hintli ile tanışır. Bu adam Mustafa Sagir'dir.

Milli harekete yardım için Hint Müslümanları'nın kendisini gönderdiklerini söyler. Böylelikle paşayı etkilemiştir. Ankara'ya telgraf çeken Sami Paşa, Mustafa Sagir'e ilgi gösterilmesini ister. Bir süre sonra Sami Paşa Atatürk'te Hintliyi anlatır ve görüşmesini rica eder. Ertesi gün Atatürk, Mustafa Sagir'i kabul eder.

Bu görüşme uzun sürer. Hintli gönderilir. İki paşa yalnız kalınca Atatürk:

– *"Bana bak Kemal bu adam casus!..."* der.

Kemalettin Sami Paşa: *"Aman paşam siz de çok şüphecisiniz"* diyerek Atatürk'e inanmaz.

Atatürk kouşmayı keserek yaveri Hayati Bey'i çağırır ve şu emri verir:

– *"Bu Hintli İngiliz casusu olacak. Kendisini takip etsinler. Mektuplarını da sansürde çok dikkatli okusunlar!..."*

Bundan sonra Hintli'nin mektupları o zamanlar kimya hocası olan Avni Refik Bey'e verilir. Bir iki tecrübeden sonra gizli yazılar bulunur. Mustafa Sagir yakalanarak suçu itiraf ettirilir ve idam edilir.

Suikastçinin kendisi için geldiğini hemen farketti...

İttihat ve Terakki'nin adamları, Mustafa Kemal'i artık can sıkıcılıktan çok, tehlikeli bir kimse olarak görmeye başlamışlardı. Sonunda kendisini öldürtmeye karar verdiler. Ve bu iş için de genç bir subayı görevlendirdiler.

"KURTULUŞ SAVAŞI SIRASINDAKİ KEHANETLERİ"

Suikastı üstlenen genç subay bir bahaneyle Mustafa Kemal'in odasına gelerek kendisiyle konuşmaya başladı. Mustafa Kemal kendisiyle konuşan subayın gözlerine bakar bakmaz o eşssiz ön sezişiyle karşısındakinin niyetini anlayıverdi...

Çekmecesinin gözünden tabancasını çıkartarak sert bir şekilde masanın üzerine koydu. Karşısındaki subayla konuşmasını sürdürdü. Ve kendisini bu düşüncesinden konuşarak vaz geçirdi. Sonunda genç subay gerçeği itiraf etti.

Daha sonra da kendisine suikast düzenlenen Mustafa Kemal; yıllar sonra 1926 yılında bu konuyla ilgili İzmir'de kendisine sorulan bir soruya karşılık, şöyle diyordu:

– *"Ben kendi kendimin koruyucusuyum..."*

Mustafa Kemal'in'ün gözle görülmeyen yeri bilmesi

Sakarya Savaşı'ndan sonra idi. Bir subay cepheden alınan bilgileri Başkomutan Mareşal Gazi Mustafa Kemal'e okuyordu. Kağıttaki notta cephe komutanlarından biri, Seyit Gazi'nin kuzey-doğu tarafında bir düşman fırkasının göründüğünden bahsediyordu...

Bunun üzerine Mustafa Kemal kaşlarını çatarak:

– *"Hayır!... Orada düşman yoktur... İyi baksınlar..."*

Subay öğle yemeğinde geri geldi. Biraz da sıkılarak:

– *"Haber aldım komutanım. Bahsedilen yerde düşman yoktur."*

Yıllar önce
İkinci İnönü Savaşı'nın kazanılacağını biliyordu...

Bu inanılmaz olay, yıllar önce Mustafa Kemal'in görmüş olduğu kehanet özelliği taşıyan bir "haberci rüya"nın ayniyle gerçekleşmesidir.

"ATATÜRK'ÜN KEHANETLERİ"

Atatürk görmüş olduğu bu rüyayı Dr. Reşit Galip beye anlatır:

– *"Rüyamda bana 'Paşam, İnönü'den ne haber?' diye sordunuz. Ben de: 'Vaziyet kritiktir' cevabını verdim. Kritik nedir? Anlamadım ki dediniz. Bunun cevabını 15 dakikaya kadar size veririm diyerek odama çekildim."*

Mustafa Kemal bu rüyasını Dr. Reşit Galip Bey'e anlattığı zaman düşman henüz saaldırılarına başlamadığı gibi, İnönü Mevkii de önem kazanmamıştı.

Aradan çok uzun zaman geçti. Düşman ile yapılan ilk savaş olan Birinci İnönü Savaşı kazanılmıştı. Bunu İkinci İnönü Savaşı izledi...

Henüz bu ikinci savaşın neticesinin alınmadığı tehlikeli günlerden biriydi... Mustafa Kemal'in arabası Millet Meclesi'nin önünde durduğunda; O'nun yanına telaş ve endişe içinde koşan Dr. Reşit Galip bey sorar:

– *"Paşam, İnönü'den ne haber?"*
– *"Vaziyet kritiktir."*
– *"Kritik nedir? Anlamadım ki"*

Mustafa Kemal: *"Sana bunun cevabını 15 dakikaya kadar veririm"* dedikten sonra, gülümser... *"Hani Ankara'ya geldikten sonra ben bir rüya görmüştüm. Hatırladınız mı?"*

Dr. Reşit Galip bey biraz düşündükten sonra rüyayı anlatır. Bunun üzerine Mustafa Kemal tekrar gülümseyerek:

– *"İşte, rüya aynen gerçekleşmektedir... Ben İsmet'i tanırım. Göreceksin 15 dakikaya kadar varmadan muzafferiyet haberini alacağız!..."*

Mustafa Kemal Millet Meclisi'ndeki odasına çekilir. Gerçekten de 15 dakika geçmeden, Garp Cephesi Komutanı - İsmet imzalı bir telgraf gelmiş ve İkinci İnönü Savaşı'nın zaferle sonuçlandığı öğrenilmiştir...

Atatürk "Üstün Sezme Gücü"yle ilgili çevresindekilere he-

"KURTULUŞ SAVAŞI SIRASINDAKİ KEHANETLERİ"

men hemen hiç bir şey açıklamadığını biliyoruz. Ancak burada durum farklıdır. Kendisinin "haberci bir rüya" gördüğünü açıkça Dr. Reşit Galib'e söylemekte bir sakınca görmemiştir. Hatta bununla da kalmamış. Bu rüyünün gerçekleşeceğinden emin olduğunu bile Dr. Reşit Gabile açıklamıştır. Bu nedenle yukarıda aktardığım olay ayrı bir önem taşır.

Atatürk'ün görmüş olduğu rüyanın gerçekleşeceğinden bu kadar emin olması da, ayrıca üzerinde durulması gereken bir başka önemli ayrıntıdır.

Büyük Zafer'den çok önce, sonrasıyla ilgili bildirdiği kehanetleri

Mustafa Kemal Atatürk'ün 1919 Temmuzu'nda ülkedeki düşman işgalinin yok edilmesi için yaptığı ilk işlerden biri olan Erzurum Kongresi'ni hazırlamakta olduğu günlerdeyiz...

Bütün Türk Milleti'nin düşündüğü tek nokta yurdun düşmandan kurtarılmasıdır. Ama bu iş nasıl gerçekleşecektir? Kimin önderliğinde olacaktır? Eldeki olanaklar kısıtlıdır. Anadolu'daki halk yıllardır savaşmaktan yoksul düşmüştür. Bütün ülke bir kurtacıcının gelmesini beklemektedir. Ülkenin kurtarılabileceğine inananların sayısı her geçen gün azalmakta, ümitsizlik umudun yerine egemen olmaya başlamaktadır... İnsanlar karamsarlık içindedir...

En büyük sorun lider sorunuydu. Mustafa Kemal'in kendisi de bunu biliyordu...

Herkes böyle bir atmosfer içindeyken ve lider olarak Atatürk'ün ortaya çıkması bile kesinleşmemişken, o günlerde bakın Mustafa Kemal neler söylüyordu...

Şimdi aktaracaklarım; Erzurum Kongresi sırasında, Mustafa Kemal'in Mazhar Müfit Kansu Bey'e yazdırdığı kehanetleridir. Mustafa Kemal bu notları yazdırırken geleceğe büyük bir mesaj iletiyordu:

"ATATÜRK'ÜN KEHANETLERİ"

– *"Mazhar not defterin yanında mı?"*
– *"Hayır paşam."*
– *"Zahmet olacak ama bir merdiveni inip çıkacaksın. Al gel."*

Mazhar Müfit Kansu'nun aşağıya gidip elinde not defteriyle geldiğini görünce, sigarasından bir iki nefes çektikten sonra:

– *"Ama bu defterin, bu yaprağını kimseye göstermeyeceksin. Sonuna kadar gizli kalacak. Bir ben, bir sen, bir de Süreyya* (Kalem Mahsus Müdürü) *bileceksiniz, şartım bu..."*

Paşa'nın şartı kabul edildi.

Bundan sonrasını olayın şahidi Mazhar Müfit Kansu'nun ağzından dinliyoruz:

"Öyleyse tarih koy" dedi. Koydum:

7-8 Temmuz, 1919 Sabaha karşı.

"Pekala yaz" diyerek devam etti.

–*" Zaferden sonra Hükümet biçimi Cumhuriyet olacaktır... Bu bir. İki Padişah ve Haneden hakkında zamanı gelince gereken işlem yapılacaktır. Üç örtünme kalkacaktır. Dört Fes kalkacak, uygar milletler gibi şapka giyilecektir."*

Bu anda kalem elimden düşüverdi. Yüzüne baktım. O da benim yüzüme bakıyordu. Bu, gözlerin bir takılışta birbirlerine çok şey anlatan konuşuşuydu. Paşa ile zaman zaman senli benli konuşurdum.

"Neden duraksadın?" dedi. *"Darılma ama paşam, sizin hayal peşinde koşan taraflarınız var"* dedim.

Güldü...

– *"Bunu zaman gösterir, sen yaz"* dedi.
– *"Beş- Latin harflerini kabul etmek."*

"Paşam yeter, yeter..." dedim. *Biraz da hayal ile uğraşmaktan bıkmış bir insanın davranışı ile:* "Cumhuriyet ilanını başarmış olalım da üst tarafı yeter" *dedim. Defterimi kapat-*

"KURTULUŞ SAVAŞI SIRASINDAKİ KEHANETLERİ"

tım. *"Paşam sabah oldu. Siz oturmaya devam edeceksiniz, hoşçakalın"* dedim.

Yanından ayrıldım. Gerçekten gün ağarmıştı.

O anda olayların beni nasıl aldattığını ve Mustafa Kemal'i doğruladığını ve Mustafa Kemal'in beni nasıl bir cümle ile yıllar sonra susturduğunu tarih önünde açıklamalıyım...

Aradan yıllar geçmişti...

Çankaya'da akşam yemeklerinde birkaç defa: **"Bu Mazhar Müfit yok mu, kendisine Erzurum'da örtünme kalkacak, şapka giyilecek, Latin harfleri kabul edilecek dediğim ve bunları not etmesini söylediğim zaman, defterini koltuğunun altına almış ve bana hayal peşinde koştuğumu söylemişti"** *demekle kalmadı, bir gün önemli bir ders daha verdi.*

Şapka devrimini açıklamış olarak Kastamonu'ndan dönüyordu. Ankaraya geldiği zaman da otomobille eski meclis binası önünden geçiyordu. Ben de kapı önünde bulunuyordum. Manzarayı görünce gözlerime inanamadım!... Kendisinin yanında oturan Diyanet İşleri Başkanı'nın başında da bir şapka vardı. Kendisi ne ise? Fakat kendisini karşılamaya gelenler arasında bulunan Diyanet İşleri Başkanı'na da şapkayı giydirmişti.

Ben hayretle bu manzarayı seyrederken otomobili durdurdu. Beni yanına çağırdı ve şöyle dedi:

– ***"Azizim Mazhar bey, kaçıncı maddedeyiz? Notlarına bakıyor musun?"***

Sözlerinin hepsi gerçekleşen kahanetlerle doluydu...

Bütün hazırlıklar tamamlanmak üzereydi. Kesin bir hücumla Türk topraklarından düşman temizlenecekti. Artık zamanı gelmişti...

Yabancı elçiler, diplomatlar, kor diplomatik temsilciler 24

"ATATÜRK'ÜN KEHANETLERİ"

Ağustos gecesi verilecek olan kokteylde O'nu bulamayacaklardı. Çünkü gizlice hareket etmişti. 25-26 Ağustos gecesi Kocatepe'nin hemen güneyindeki, dere içindeki Başkomutanlık Karargahı'ndaydı. Ankara'dan ayrılmadan önce yakın bir arkadaşına şunları söylemiştir:

– *"Taaruz haberini alınca hesap ediniz.... Onbeşinci gün İzmir'deyiz..."*

Şu an bu satırları yazarken bile yine tüylerim ürperiyor... Evet... Yine inanılacak gibi değil ama Taarruzdan 14 gün sonra İzmir'e varılmıştır!...

Artık bütün bunlar ileri görüşlülüğün sınırlarını kat be kat aşan olaylardır. Bunları ileri görüşle, tesadüfle ya da bir başka açıklamayla yorumlayabilmek mümkün değildir.

Sizleri şöyle bir düşünmeye davet ediyorum...

O sıralar Yunan Ordusu'nun elinde modern silahlar bulunuyordu. Makineli tüfek, top, uçak, cephane ve diğer teçhizatlar bakımından çok üstün bir güce sahipti. Ve bu imkansızlıklar içinde Türk Milleti yaşama savaşı veriyordu...

Sakarya Savaşı'ndan sonra Yunan kuvvetleri Eskişehir, Kütahya, Afyon doğusunda evvelce hazırladıkları bir hatta çekilmişlerdi. Yanlarındaki sarp dağlar kendilerine doğal siper oluşturmuştu. Kendilerinin oluşturduğu siperlerle bütün bunlar birleşince, onları oradan çıkartmak aylar süren bir savaşı beraberinde getiriyordu. Nitekim, bu hattı gezen Avrupalı gazeteciler bile: *"Bu siperlerin yapılması çok uzun bir zamanı aldı. Aşılması ise aylar alır"* diye beyanatlar veriyorlardı.

İşin bir başka ilginç tarafı da Mustafa Kemal'in yanındakiler bile bu kadar kısa bir sürede bu hattın geçilebileceğine inanmıyorlardı. Doğrusunu söylemek gerekirse inanılacak gibi de değildi...

Lafı fazla uzatmaya gerek yok...

Şunu kesin olarak unutmayalım ki, ne kadar hesaplanırsa, hesaplansın bu kadar net bir tarihin ortaya atılması ve bunun

"KURTULUŞ SAVAŞI SIRASINDAKİ KEHANETLERİ"

gerçekleşmesi sadece kehanet gücü ile açıklanabilir.
Biz kanıtları ele almaya devam edelim...

Savaş alanındaki kehaneti

Yunan Orduları'nın Haymana Ovası'na kadar ilerlediği zorlu günlerde, birçok insanın ümitsizliğe düştüğü zamanlardı... Mustafa Kemal'in yanında bulunan Yakup Kadri Karaosmanoğlu o günleri şöyle anlatıyor:

— *"Bir Ağustos gecesi, çıplak - ıssız Anadolu yaylasında, Ankara tepelerinin birinde boz renkli bir binanın çıplak ve dar bir odasında, O'nunla karşı karşıyayız. Aramızda üstü bir harita ile kaplı küçük bir masa var. Perdesiz açık pencereden giren Ay ışığına karışmış bir gaz lambası aydınlığı, O'nun yüzüne bir solukluk veriyor. Elini haritanın bir noktasına uzattı. Ve parmağının ucu ile helezonlu bir hat çizerek dedi ki: 'Şimdi buralardayız. Kuvvetlerimiz Eskişehir'in Kuzey ve Güneyi'nden bir kavis halinde yavaş yavaş geri çekiliyor. Gece derin aydınlık ve yürüyüş için müsaittir. Fakat bu tatlı hava günün yorgunluğundan sonra insanı uykuya sevkedebilir. Ben yürürken uyuyan askerler gördüm. Hele at üstünde... Askerlik çok tuhaf şeydir. İnsanın bütün özellikleri orduda ortaya çıkar. En önemli yer savaş meydanıdır...* **Bir dakika gözümü kapayınca cephe arkadaşlarının ne yaptıklarını, ne halde olduklarını görüyorum. Mesela Fırka Kumandanı olan bey, şu sıralarda köye varmış olacak ve varır varmaz mutlaka kendine köyün en konforlu evini buldurmuş, hazırlatmış seyyar karyolası üzerinde derin bir uykuya dalmıştır. İster misiniz bunun böyle olduğunu size şimdi ispat edeyim.'**

Zile basarak gelen çocuğa: *'Çocuğum bana derhal Fırka Kumandanını bulur musun?'* dedi.

Kısa bir süre sonra çocuk beklenen haberi getirdi: *'Efendim Fırka Kumandanı köyde istirahatte imişler, telgraf memu-*

"ATATÜRK'ÜN KEHANETLERİ"

ru soruyor. Uyandıralım mı?...'"

Mustafa Kemal aynı gece Cephe'deki bir başka Kumandan'ın da nerede ve o anda ne yapmakta olduğunu söylediğini anlatan Yakup Kadri Karaosmanoğlu bu konuyla ilgili anılarını şu sözlerle tamamlamıştır:

– *"...'Asıl mühim mesele karşı tarafın düşüncesini ve hareketlerini keşfedebilmektir' diyerek sözlerine devam etti... O konuştukça bize adeta ferahlı diyebileceğimiz bir huzur ve sükun geliyordu. Yarım saat evvel yandaki odaların birinde artık her şeyin bittiğine, hiç bir ümit kalmadığına inanıyorduk. Şimdi ise O'nun karşısına gelince damarlarımızda yeni bir hamleye hazırlanan pehlivanların gücü kaynamaya başlamıştı. Biz bu enerjiyi O'nun vücudundan çıkan esrarengiz kudretinden alıyorduk. Bütün oda bütün gece pencereden görünen ıssız ve donmuş sahalar, yavaş yavaş bu esrarengiz güçle canlanmaya başlamıştı."*

Zaferi önceden bildiriyor...

Anadolu'ya büyük ve modern bir orduyla çıkan Yunanlılar ancak Sakarya önlerinde durdurulabilmiştir. İnönü Savaşları'ndan sonra daha da güçlendirilen Yunan Ordusu'nun hedefi Ankara'dır. Ankara'yı ele geçirdikten sonra tüm Anadolu'yu kontrol altına alacaklar, arkasından da Rum-Pontus Devleti'ni yeniden kurmak için harekete geçeceklerdi... Amaçları buydu... Ancak karşılarında da Mustafa Kemal duruyordu...

İşte o günlerden biriydi... Milletvekilleri Meclis'te cepheden gelecek haberleri beklemekteydiler. Sakarya Savaşı'nın en kritik anlarından biriydi.

Mustafa Kemal yaverleri ile Meclise geldiğinde kendisine bir telgraf verilir. Telgrafı okuduktan sonra Milletvekillerine göstererek: *"Vaziyet kritik"* der...

"KURTULUŞ SAVAŞI SIRASINDAKİ KEHANETLERİ"

Fazla bir şey söylemeden bir aşağı bir yukarı yürümeye başlar. Herkes şaşkın bir bekleyiş içindedir... Mustafa Kemal Yaveri'ne döner: *"Yaz"* der. Herkes susmuş O'nun ağzından çıkacak cümleleri bekliyordu...

– *"Raporunuzda düşman durumu hakkında verdiğiniz malumat, artık onun muharebeyi kaybettiğini anlatıyor. Katiyen çekilmeyin. Birkaç saate kadar düşman çözülecektir."*

Oysaki gelen rapor çok farklı bir mesaj iletiyordu... Mustafa Kemal mesajı da milletvekillerine okudu:

"Arkadaşlar Cephe Kumandanı'ndan şimdi aldığım raporda kuvvetlerimizin çok sıkışık durumda oldukları, düşmanın yeni hamlelere başlayacak emareler gösterdiği ve geri çekilmemizin emredilmesi bildiriliyor."

Milletvekilleri oldukları yerde donup kalmışlardı. Cepheden gönderilen mesaj durumumuzun son derece kötü olduğunu ve geri çekilmediğimiz takdirde büyük bir yenilgiye maruz kalmamızın kaçınılmaz olduğunu söylüyordu. Oysa ki Mustafa Kemal bir kaç saate kadar düşmanın çözüleceğinden bahsediyordu. Ortada büyük bir çelişki vardı!...

Mustafa Kemal kendisinden son derece emin: *"Yeniden bir geri çekilme yok... Kuvvetle ümit edebiliriz ki, yarına kadar düşmanın geri çekilmeye başladığı haberini işiteceğiz"* diyordu...

Mustafa Kemal'in emri telgrafla derhal cepheye bildirilir. Artık beklemekten başka yapacak bir şey yoktur... O anda eğer Mustafa Kemal yanlış bir adım attıysa geri dönülmesi hemen hemen mümkün olmayan büyük bir yenilgiye uğranılması içten bile değildi... Hatta Kurtuluş Savaşı'nın tamamıyla kaybedilmesi gibi bir sonuçla karşı karşıya gelinebilirdi... Durum gerçekten de kritikti... Sinirler gerilmiş çıldırtan bir bekleyiş salona hakim olmuştu... Sonuçtan kesin emin olan ise içlerinde sadece Mustafa Kemal'di...

Beş saat sonra cepheden yeni bir rapor gelir:

"ATATÜRK'ÜN KEHANETLERİ"

"Düşman Sakarya'dan çekilmeye başlamıştır..."

Birkaç saat önce Türk Ordusu Ankara'ya kadar geri çekilmeyi düşünürken; Mustafa Kemal'in inanılmaz öngörüsüyle Savaş son anda lehimize çevrilmiştir. Bu mucizevi gelişmeden sonra Yunan Ordusu Bursa istikametine doğru geri çekilmeye başlar...

Derne'den yazdığı mektup...

Az önce yukarda çok önemli bir noktada bir olayın nasıl neticeleneceğini kendisinden son derece emin bir şekilde Mustafa Kemal'in nasıl bildiğine dair bir örnek vermiştim. O, sadece yöresel bir olayı değil, çok genel olayları da yine çok genel sonuçlarıyla çok öncesinden görebildiğine dair de elimizde çok sayıda kanıt bulunmaktadır. Bunlardan biri Derne'den yazdığı mektuptur...

Trablusgarp'a saldıran İtalyanlar'la savaşmak üzere bölgeye giden Mustafa Kemal, savaştan fırsat bulduğu zamanlarda ülkenin geleceğini düşünüyordu. Ve ülkenin geleceğiyle ilgili bu düşüncelerini de zaman zaman çevresindeki yakınlarıyla paylaşıyordu. Bu düşünceleri sadece basit bir temenni değil adeta kehanat niteliği taşıyordu...

Derne'deki subayların da yeraldığı bir müsamereye katıldıktan sonra çadırına dönen Mustafa Kemal, Salih Bozok'a şöyle bir mektup yazar:

"Arkadaşlarıma şöyle dedim: Vatan mutlaka selamet bulacak. Millet mutlaka mesut olacaktır. Çünkü kendi selametini, kendi saadetini memleketin ve milletin saadet ve selameti için feda edebilen vatan evlatları çoktur."

O, üstün ön görüsüyle milletini çok iyi tahlil edebilmiş ve milletinin isterse neler yapabileceğini gayet iyi tespit edebilmiştir. Ve bundan bir an bile şüphe duymamıştır... Çünkü O,

"KURTULUŞ SAVAŞI SIRASINDAKİ KEHANETLERİ"

Ergün Sarı'nın 1981 yılında yayınlanan kitabında da söylediği gibi, tarihin nasıl şekilleneceğini önceden biliyordu.

Kendisindeki sarsılmaz irade ve güvenin başka bir izahı olamaz.

Mustafa Kemal'in bu Parapsikolojik gücünün farkına varan bu güne kadar ne yakın arkadaşlarından, ne de diğer yazarlardan çok fazla kimse çıkmamıştır. Onlar O'nun bu özelliğini hep "Uzak Görüşlülüğü" olarak değerlendirmişlerdir. Buna karşılık benim teorime en fazla yaklaşan yazar, Sayın Ergün SARI olmuştur. *"Atatürk'le Konuşmalar"* adlı kitabında şunları yazıyor:

"Birinci Dünya Savaşı başlarında Almanların dev adımlarla Paris'e yürüdükleri bir dönemde savaşın Almanya ile yandaşlarının aleyhine sonuçlanacağını, sekiz yıl öncesinden İkinci Dünya Savaşı'nın yakınlaşmakta olduğunu belirtmek Uzakgörüşlülük değil de nedir" derken bir yerde şu cümleye yer veriyor:

"İnsan gelecekten haber veren bir biliciyle yüz yüze olduğunu sanıyor..."

Evet... Normal yeteneklere sahip bir insan bırakın 8 yıl sonrasını görmeyi, 8 saat sonrasını bile göremez... Ancak karşımızdaki kişinin normal bir insan olduğunu gösteren hiç bir kanıt ortada yok... Aksine onun sıradışı bir şahsiyet olduğuyla ilgili ise, elimizde tarihi belgelerden oluşan çok sayıda kanıt bulunmaktadır...

İşte onlardan bir diğeri daha...

Bu kehanetine düşman güçleri de inanamamıştı...

Düşman Ordusu'nu tamamıyla yoketmek amacıyla başlatılan Büyük Taaruz amacına ulaşmıştı. Elde ettigi bu başarılarını yayınladığı resmi bildirilerde küçük birer askeri hareket

"ATATÜRK'ÜN KEHANETLERİ"

olarak nitelendiriyordu. Böylece Orduları'nı korkunç sondan kurtarmak isteyecek olan itilaf devletlerinden durumu gizlemek amacını güdüyordu. Fakat bu başarılarını haber alan itilaf devletleri kendisinden görüşmek üzere randevu istedikleri zaman, Atatürk yabancı elçilere şöyle yanıt vermişti:

– *"Sizinle 9 Eylül 1922 günü Nif* (Kemalpaşa) *kasabasında görüşebilirim."*

Yalnız işin ilginç tarafı, bu sırada Türk Orduları Nif'den çok uzakta bulunuyordu. Ve 9 Eylül'e kadar oraya çarpışarak varmak çok zor, hatta imkansız gibi görünmekteydi. Çünkü bu bir savaştı. Ve kesin bir tarih verilebilmesi normal şartlarda hiç bir şekilde mümkün değildi. Savaş sırasında neler olacağını kim önceden kestirebilirdi ki?

Tabii ki normal bir insanın kestirebilmesi mümkün olmayan bir şeydi bu. Ancak ne var ki, karşılarında normal bir insan değil, "Üstün Sezgi Gücü" ile donanmış mucizevi bir insan bulunuyordu.

Mustafa Kemal bu kehanetini söylediği günden itibaren 10 gün geçmişti...

Atatürk bu olayı daha sonra ünlü Nutku'nda kaleme alarak söyle demiştir:

– *"Dediğim gün Nif'te idim. Fakat benden randevu isteyenler orada yoktu..."*

İşte sevgili okuyucularım. Bütün bunlara daha fazla bir yorum yapma ihtiyacı bile hissetmiyorum. Doğrusunu söylemek gerekirse bu satırları yazarken, böyle bir lidere sahip olduğumuz için büyük bir mutluluk duyuyorum... Umarım sizler de aynı duyguyla bu satırları okuyorsunuzdur...

Aslında bu teoriye bazı kişiler kolay kolay inanmayacaklardır. Çünkü geleceği bilmek olağanüstü bir olay olduğu için, sadece din alanında büyük velilerin, şeyhlerin dışında kimsenin geleceği hissedemeyeceğini kabul edenler bulunabilir. Ancak şunu kesin olarak söyleyebilirim ki, Mustafa Kemal'in bu

"KURTULUŞ SAVAŞI SIRASINDAKİ KEHANETLERİ"

gücü Askeri Okul yıllarında yavaş yavaş ortaya çıkmıştır. O zamanlardan Türk Milleti için neler yapacağını biliyordu. Bununla ilgili çok önemli kanıtlar bulunmaktadır.

Yeşil Ordu ile ilgili kehaneti

1920 yılı İlkbaharı'nın sonlarına doğru bir gün Mustafa Kemal, Tevfik Rüştü Aras'ı Ankara İstasyonunun bitişiğinde kaldığı bir eve çağırdı:

Tevfik Rüştü Aras kendisine bir yaverinin haber verilmeksizin "Yeşil Ordu" teşkilatına alındığından şikayet etti. O sıralarda Büyük Millet Meclisi kurulalı 10 hafta olmuştu. Vatanın kurtarılması için başvurulan, türlü tedbirler arasında bir de "Yeşil Ordu" adı verilen gizli bir teşkilat vardı.

Fakat Birinci Büyük Millet Meclisi tam anlamıyla ve bütün kuvvetiyle işlemeye başladığı için artık her türlü dağınık tedbirlerin kaldırılması ve her faaliyetin Büyük Millet Meclisi yetkileri içine alınması zamanı da artık gelmişti. Yeşil Ordu teşkilatına lüzum kalmamıştı.

Atatürk o gece bazı arkadaşlarını davet ederek konuyla ilgili bir toplantı düzenlemişti... Toplantıda Celal Bayar, Muhtar Bey, Yunus Nadi Bey, Kılıç Ali Bey ve Tevfik Rüştü Aras bulunuyordu. Atatürk ciddi işler konuştuğu zaman toplantılarda kahveden başka bir şey içmezdi. Alkol kesinlikle almazdı.

O gece konuşmalar uzun sürmüştü. Toplantı bittiğinde gece yarısını iki saat geçmişti. Toplantıda memleketin çeşitli yerlerinden ve önemli kişilerden gelen raporlar okunmuş, kurtuluş etrafında değişik mevzular konuşulmuş, sert tartışmalardan sonra, üzerinde görüş birliğine varılan bazı kararlar alınarak sırasıyla yazılmaya başlanmıştı.

Toplantı tamamen bitip de, o gece için son kahveler içilirken, Mustafa Kemal, Tevfik Rüştü Aras'a hitap ederek:

– "Bu gün öğleden sonra bu konular etrafında bir arkadaşla

"ATATÜRK'ÜN KEHANETLERİ"

görüşmüş, bazı notlar almıştım. Tevfik Rüştü, lütfen köşedeki saksının içinde duran o notları alıp okur musunuz?"

Tevfik Rüştü Aras söz konusu notları okumaya başlayınca toplantıda bulunanların hepsi hayretler içinde kalmıştı... Saatlerce üzerinde konuşularak, görüş birliğine varılan kararların hepsinin, tamamıyla aynı olmak üzere o not kağıdında yazılmış olduğunu gördüler!...

Bu olay da, ileri sürdüğüm teorimi desteklemektedir. Bu kehanet olayında; Atatürk'ün öğleden sonra "Yeşil Ordu" hakkında yazdığı kararları akşamki toplantıda ileri sürerek savunmuş olabileceği ya da toplantıda bulunanlara baskı yaparak kendi düşünceleri doğrultusunda kararlar aldırmaya yönlendirmiş olabileceği akıllara gelebilir. Ancak bu kesinlikle doğru değildir. Çünkü orada herkesin şahit olduğu gibi alınacak kararları tamamıyla o toplantıya katılanlara bırakmıştır...

Konuyu ilginç yapan da budur zaten...

Evet alınacak tüm kararları arkadaşlarına bırakmış ve kendisi tartışmaların tamamen dışında kalmıştır. Öyle olmasına rağmen, O, konu hakkında alınacak kararların neler olduğunu saattlerce öncesinden maddeler halinde biliyordu.

Bu kanıt, kendisinde bulunan kehanet yeteneğinin en güçlü belgelerinden sadece biridir.

Devam ediyoruz...

Savaşın içinde Maarif Kongresi!...

Savaşın içinde geçen günlerdeyiz... Hem de savaşın en bunalımlı en riskli günleri... Normal şartlarda bu savaşın kazanılmasından başka hiç bir şey düşünülmemesi gereken günlerde Mustafa Kemal öyle yapmıyordu... Onun kafasında geleceğin Türkiyesi ve yapacağı devrimler vardı. Yine de klasik bir anlayış, önce savaş kazanılsın ondan sonra bu düşünceleri yaşama geçirmeye çalışırız diye düşünür. Oysa ki Atatürk savaşın

"KURTULUŞ SAVAŞI SIRASINDAKİ KEHANETLERİ"

kazanılacağından hiç bir zaman şüphe duymuyordu ki...

O'nun gözünde savaş çoktan kazanılmıştı bile... Çünkü O adeta tarihin nasıl şekilleneceğini önceden biliyordu... Belki de cümlenin başındaki adeta sözcüğünü kaldırmak gerekir. O tarihin nasıl şekilleneceğini biliyordu demek çok daha doğru olacaktır...

Yıl: 1921... Mustafa Kemal bir yandan savaşın kazanılabilmesi için olağanüstü bir çaba harcarken, bir yandan da çağdaş eğitim sistemi üzerinde araştırmalarını sürdürüyordu. Bunun en önemli kanıtı savaşın en zor günlerinde yani 16 Temmuz 1921 tarihinde Ankara'da Maarif Kongresi'ni toplamasıdır.

Atatürk bu önemli kongrenin açılışında yaptığı konuşmada şunları söylüyordu:

"Şimdiye kadar izlenen öğretim yöntemlerinin, milletimizin gerileme tarihinin en önemli sebeplerinden biri olduğu kanaatindeyim. Onun için bir Milli Eğitim Programı'ndan söz ederken; eski devrin boş inançlarından ve yaradılış niteliklerimizle hiç de ilgisi olmayan yabancı fikirlerden; doğudan ve batıdan gelebilen bütün etkilerden tamamen uzak, milli karakterimiz ve tarihimizle uyumlu kültür kastediyorum. Çünkü milli dehamızın tam olarak gelişmesi ancak böyle bir kültürle sağlanabilir. Herhangi bir yabancı kültür, şimdiye kadar izlenen yabancı kültürlerin yıkıcı sonuçlarını tekrar ettirebilir. Fikri kültür, ortamla uyumludur. O ortam milletin karakteridir."

Halide Edip Adıvar'a söyledikleri...

Savaşın içinde gerçekleştirdiği Maarif Kongresi'nin ardından geçen zorlu günlerin sonunda savaş kazanılmış ve Atatürk birbiri arkasına Kültür Devrimleri'ni gerçekleştirmeye başlamıştı...

Attığı her adımın bir tarihi vardı... Ve o tarih sadece Mustafa Kemal Atatürk'ün zihninde kayıtlıydı. Önceden kendisi-

"ATATÜRK'ÜN KEHANETLERİ"

nin de bildiği bu tarihler geldikçe, O da yapması gerekenleri hiç tereddüt göstermeden gerçekleştiriyordu... Yeri gelmişken şunu da özellikle belirtmek istiyorum ki, yapmayı planlayıp da Atatürk'ün gerçekleştiremediği hemen hemen hiç bir şey olmamıştır. Ve Dünya üzerinde böylesine emin adımlarla yürüyerek, amacını % 100'e yakın bir oranda gerçekleştirebilen bir başka lider daha yoktur.

Biz gelelim Halide Edip Adıvar'a anlattıklarına...
Kurtuluş Savaşı'nın kazanıldığı ilk günler... Mustafa Kemal İzmir'de düşmanı denize dökmenin keyfini çıkartıyor. O sıralar yanında ünlü yazar Halide Edip Adıvar da bulunuyordu. Atatürk zaman zaman Halide Edip Adıvar'a, Türkiye'nin bu günü ve geleceğiyle ilgili düşüncelerini açıklıyordu...

Israrla: *"Bundan sonra Batılılaşacağız. Bunun için de inkılablar* (devrimler) *yapacağız. Latin harflerini kabul edeceğiz"* diyordu. Zaten bunu yıllar öncesinden görmüş ve planlamıştı. Bunu gerçekleştirebileceği ile ilgili ise hiç bir kuşkusu yoktu!...

Latin harflerini kabul ettirmek için Cumhuriyetin ilanından sonra bir süre beklemek zorunda olduğunu çok iyi biliyordu. Önce alt yapıyı hazırlamalıydı. O da öyle yaptı.

Önce Padişahlık ve Halifelik kaldırıldı. Ulaslararası takvim, ölçüler ve rakkamlar kabul edildi. 1926 yılında Fes ve çarşaf kaldırılarak çağdaşlığa bir adım daha yaklaşıldı. Bunu Şapka devrimi izledi. Yeni Türk harflerinin kabulü için uygun zamanı bekledi. 900 yıl boyunca halkın kullandığı Arapça'yı bir anda yeni harflerle değiştirmenin zorluğunu biliyordu. O'na göre en uygun zaman 1928'di...

Geleceği önceden görebilme yeteneği sayesinde sadece zamanı bekliyordu.

Bulgar kökenli Türkolog Manalof'a söylediği kehanetinde şöyle diyordu:

— *"Batı Uygarlığı'na girebilmemize engel olan yazıyı ata-*

"KURTULUŞ SAVAŞI SIRASINDAKİ KEHANETLERİ"

rak kılık kıyafetimize kadar herşeyimizde Batılılara uymalıyız. Emin olunuz ki, bunların hepsi bir gün olacaktır..." Şu anda bütün bunlar gerçekleştiği için bize basit bir olay gibi görünebilir. Ama o yılların o şartlarını şöyle bir gözünüzün önünde canlandırın. Ne kadar imkansız bir olay gerçekleştirilmiştir, o zaman daha iyi anlarsınız. Anlayınız ki gelecek nesillere de bunu anlatabilesiniz...

1928'de yeni harflerin kabulünden sonra bu harfleri halka öğretmek ve yaşama sokmak gibi zorlu bir çalışmaya sıra gelmişti. Bu konuyla ilgili Atatürk'ün Bakanlar ve Profesörlerle yaptığı geniş araştırmadan çıkan sonuç, Atatürk'ün zihnindeki tarihten çok farklıydı... Profesör ve Bakanlar 5 ila 15 yıl arasında bir sürenin gerekli olduğunu ileri sürüyorlardı. Atatürk ise yine inanılmaz bir kehanette bulunuyordu:

– *"Bu iş ya 3 Ay içinde olur, ya da hiç olmaz!..."*

Türkçe harflere karşı olanların sayısı son derece fazlaydı. İstanbul'da yayınlanan Akşam Gazetesi'nin anketine cevap veren 16 kişilik aydın kitlesinden bile sadece 3 kişi (Dr. Abdullah Cevdet, Mustafa Hamit ve Refet Avni) Latin Harflerini savunuyor, geriye kalan 13 kişi ise şiddetle karşı çıkıyordu...

Ancak... Evet... İnanılacak gibi değil ama bir mucize daha gerçekleşmiş ve 29 Ağustos 1928'de resmen ilan edilen yeni harflerin kabulünden sadece 3 ay geçmişti ki halkın büyük bir çoğunluğu bu yeni harfleri öğrenmeye başlamıştı...

3 ay gibi son derece kısa bir sürede "İnanılmaz İnsan"ın bir inanılmazı daha gerçekleşmişti...

Bu olayın tarihte bir eşi benzeri daha yoktur...

IV. BÖLÜM

ATATÜRK'ÜN KURTULUŞ SAVAŞI'NDAN SONRAKİ KEHANETLERİ

Atatürk diğer sömürge ülkelerde de saygınlık kazanacağını biliyordu...

Türkiye Kurtuluş Savaşı'nı kazanınca, bu başarının etkileri diğer uluslarda da görülmeye başlandı. Esir milletler esaret zincirini kırarak özgürlüklerine kavuşmak için çalışmaya başladıklarında Türkiye'yi ve Atatürk'ü örnek almışlardı.

O yıllarda Dünyada 135,5 milyon kare toprak sürülüp ekilirdi. Bu toprakların 104,5 milyon karelik bölümü sömürge veya yarı sömürgeydi. O zamanki dünya nüfusu da 1.777.000.000 kişiydi. Bu nüfusun 1.250.000.000 kişisi sömürülüyordu...

İkinci Dünya Savaşı çıktığı zaman yabancı ülkelerde Almanlar ve İngilizler savaşırken, bu sömürge ülkelerin kılı bile kıpırdamıyordu. Nasıl olsa ya Almanlar tarafından ya da İngilizler tarafından sömürüleceklerdi.

"ATATÜRK'ÜN KEHANETLERİ"

Özellikle Müslüman ülkeler için durum böyleydi. Mustafa Kemal Atatürk bu ülkeler için şöyle söylemişti:

— *"Bu bir halk hareketidir... Diğer yerlerdeki müslümanlar da düşmanlarımıza karşı mücadele edeceklerdir. Bunlar çoğunlukla İngiliz idaresindedirler. Bu haçlı hareketinin son temsilcileridir. Ve biz bunlara karşı mücadele ediyoruz. İslam alemi artık uyanmalıdır. Nitekim uyanmıştır..."*

Mustafa Kemal bunları söylediği zaman İslam alemi henüz o kadar belirli bir güç değildi. Çoğu yabancı ülkeler tarafından sömürge halinde yaşamaktaydılar.

Yine Kurtuluş Savaşı sonrasında 1922 yılında Mustafa Kemal şöyle der:

— *"Türkiye'nin bugünkü mücadelesinin yalnız Türkiye'ye ait olmadığını tekrar etmek lüzumunu hissediyorum. Türkiye'nin bu günkü mücadelesi yalnız kendi nam ve hesabına olsaydı, belki daha az kan dökülerek daha çabuk bitirilebilirdi. Türkiye'nin müdafa ettiği dava bütün mazlum ülkelerin davasıdır. Hatta bütün şarkın davasıdır."*

Atatürk'ün bu öngörüsü de gerçekleşmiş ve birçok ülkede Atatürk fikir ve eylemleriyle büyük bir saygı görmüştür.

1933 yılında Afrika'ya yaptığı bir geziden dönen bir aydınımız şunları söylemişti:

— *"Gezdiğim Afrika topraklarında Türkiye'nin bulunduğu yeri harita üzerinde gösteremeyenler çoğunluktaydı. Fakat hepsi Atatürk'ü olağanüstü bir insan olarak tanıyordu. Ve Türk kurtarıcısını kendileri için dahi lider sayıyor ve çok seviyorlardı."*

Ve böyle olduğu için Cezayir'de Fransızlar'a karşı savaşan bir direnişci vurularak öldürüldüğünde, koynundan Atatürk'ün kanlı fotoğrafı çıkmıştı. Pakistan'da ve Hindistan'da ise O'nun resimlerini her yerde görmek mümkündü...

"KURTULUŞ SAVAŞI'NDAN SONRAKİ KEHANETLERİ"

Atatürk'ün Halide Edip Adıvar'a söylediği endişesi...

Mustafa Kemal Kurtuluş Savaşı'nı kazanmıştı fakat onu daha birçok iş bekliyordu. Bunlar ülkenin ekonomik, kültürel ve siyasal işleriydi.

Ona göre devrimcinin vazifesi sadece zaferi kazanmak değildi. Geride kendisini bekleyen çok sayıda işler vardı. Nitekim Mustafa Kemal Paşa, 10 Eylül 1922'de İzmir'e girdiği gün: *"Daha yapılacak çok işimiz var"* demişti.

Kurtuluş Savaşı'na katılmış olan Halide Edip Adıvar şunları yazar:

"Başında yüz güneş doğmuşcasına yüzü parlıyordu. Sesinin tonu el sıkışı, içindeki coşkunluğu ortaya koyuyordu. Bir Devr-i Daim makinası gibi kendi kendini besleyen sonsuz bir irade gücüne sahip bir adam... Kendisini tebrik ettim. Bir kaplanın sesini andıran kocaman bir kahkaha ile cevap verdi: ***'Evet, nihayet bu işi yaptık.'***

Fevzi Paşa keyifli zamanlarda yaptığı gibi, sağ elini göğsüne vuruyor ve dişleriyle dudaklarını ısırıyordu. Ortada aşırı bir dostluk havası vardı. Mustafa Kemal Paşa'nın neşesinden ben de ferahlık duydum. 'İzmir'i aldıktan sonra artık biraz dinlenirsiniz Paşam, çok yoruldunuz.' dedim."

Atatürk'ün Halide Edip Adıvar'a olan cevabı tam anlamıyla bir kehanet niteliğindedir. Ve adeta gelecek günleri anlatmaktadır:

— *"Dinlenmek mi? İzmir'i aldıktan sonra Yunanlılar yerine birbirimizi mi yiyeceğiz?"*

Bunun üzerine Halide Edip Adıvar itiraz eder. *"Niçin Paşam? Yapılacak o kadar çok işiniz var ki, onları yaparsınız."*

— *"Ya bana muhalefet etmiş olan adamlar?"*

— *"Bunlar bir millet meclisinde olağan şeyler değil mi? Siz bunları unutmalısınız."*

Ancak Atatürk unutmamıştır. Çünkü unutmaması gerekti-

"ATATÜRK'ÜN KEHANETLERİ"

ğini çok iyi biliyordu. Nitekim aradan geçen günler kendisini bir kez daha haklı çıkarmış ve bazı gerici çevreler Kurtuluş Savaşı'ndan sonra öyle bir hava estirmişlerdir ki, Mustafa Kemal Atatürk'ü Türk vatandaşlığından çıkarmak için bile çalışmalar yapılmıştır. Atatürk bu tip çalışmalarda bulunanları etkisiz bırakmasına rağmen, onun vefatından sonra bile bu tip karanlık çalışmalar sürdürülmüş ve günümüze kadar gelmiştir.

Onun gerçekleştirdiği devrimlerden rahatsız olan gerici çevreler halen içten içe Atatürk karşıtı bir çalışmayı günümüzde de sürdürmektedirler.

Kısacası Atatürk'ün 1920'li yıllardaki endişesi hiç de haksız değildi... Belki de O, geleceğin sıkıntısını, daha o günlerden içinde yaşıyordu...

İzmir'de İngiliz Donanması için hazırlattığı nota...

9 Eylül 1922'de İzmir kurtarıldıktan ve Kurtuluş Savaşı kazanıldıktan birkaç gün sonra Mustafa Kemal İzmir'e gelmişti. Güvenlik nedeniyle bir ailenin evinde kalıyordu. Yorgun olduğu için dinlenirken bir gün balkona çıkar ve denizi seyretmeye koyulur. Uzun bir süre denize bakar ve düşünür...

Türk sularında İngiliz gemilerinin hala durduğunu görünce çok sinirlenir. Salih Bozok'a: *"Bana Hariciye Vekili* (Dışişleri Bakanı) *Yusuf Kemal Bey'i çağırın"* der.

Atatürk Hariciye Vekili Yusuf Kemal Bey'e:

— *"Mağlup bir devletin donanmasının burada durmasına gerek yok. İngiltere'ye nota verin. Donanmasını çeksin. Çekmezse batıracağımı bildirin."*

Hariciye Vekili ne yapacağını şaşırır. Bu notayla İngilizleri kızdırmaktan ve savaşın yeniden başlayabileceğinden endişe eder. Bu yüzden notayı göndermemek için zaman kazanmaya çalışır. Atatürk'ün birkaç kez kendisine *"Ne oldu nota Yusuf bey?"* diye sormasına karşılık, her seferinde: *"Hazırlanıyor*

"KURTULUŞ SAVAŞI'NDAN SONRAKİ KEHANETLERİ"

Paşam, şimdi takdim ederim" cevabını verir.

Sonunda olaya tanık olan Latif hanım, Atatürk'e:
— *"Paşam üzülmeyiniz. İzin verirseniz bu notayı ben yazayım."*
— *"İngilizce yazacaksınız"*
— *"Evet biliyorum."*
— *"Buyrun yazın bakalım..."*

Latife hanım çok kısa bir sürede İngilizler'e verilmesi arzulanan notayı yazıp Atatürk'e uzatır. Atatürk yazının üslubunu çok beğenmiş ve yaverine dönerek: *"Yusuf Kemal Bey'i çağırın bana"* demiştir.

Hariciye Vekili odaya girer girmez, yazılan notayı uzatıp:
— *"Sizin bir türlü yazamadığınız notayı hanımefendi bir dakikada yazdı. Buyurun bir de siz okuyun..."*

Notayı alan İngilizler kısa bir sürede gemilerini çekmek zorunda kalmışlardı. Atatürk'ün geleceği önceden bilebilme yeteneği bir kez daha başarıya ulaşmıştı. Hariciye Vekili'nin tüm endişeleri boşunaydı. Çünkü Atatürk İngilizler'in nasıl davranacağını "Üstün Sezme Gücü" ile gayet iyi biliyordu.

Bu olayda dikkatlerimizi çeken bir başka nokta da; Atatürk'ün balkona çıktıktan sonra denize uzun süre bakıp belki de bir nevi transa girmesidir. Gelecek ile ilgili bilgileri söyleyebilenlerin kullandıkları başlıca yöntemden biri olan belli bir yere konsantrasyonla sağlanan trans haline Atatürk'ün birçok kehanetinde rastlanmıştır.

Başkent Ankara

Atatürk'ün Ankara'yı Başkent yapmasının ardındaki sebep bir hayli ilginçti. Bu sebebi açıklarken aynı zamanda yeni bir kehanette daha bulunuyordu.

"ATATÜRK'ÜN KEHANETLERİ"

— *"Ben Türk'ün imkansızı imkan haline getiren kudretini bütün dünyaya göstermek için Ankara'yı istedim. Bir gün gelecek şu çorak tarlalar yeşil ağaçların çevirdiği villalar arasından uzanan yeşil sahalar, asfaltlar ve binalarla bezenecek. Hem bunu hepimiz göreceğiz, yakında olacak..."*

Ankara 13 Ekim de Başkent oldu... Fakat Cumhuriyet'in ilk yıllarıda neredeyse boş denecek kadar az bir nüfusa sahipti ve kırsal bir alanda kuruluydu. Bunun için bazı Batılı devletler büyükelçi göndermeyeceklerini açıklamalarına rağmen, Atatürk ve Türk Hükümeti kararlarından hiç bir zaman vazgeçmediler.

Ancak Atatürk bu konuda da haklı çıkacaktı...

Atatürk'ün bu sözlerinin de çok kısa bir süre sonra gerçekleştiğini, Batılı devletler büyük bir şaşkınlıkla izlemişlerdir.

Bu arada Ankara'nın Başkent olacağı ile ilgili kehanette bulunan bir başka kişi daha vardı...

Bu kehanet; Tarikat-ı Aliye Sufi şeyhlerinden Müştak Dede'nin 1848 yılında basılan "Divan"ında yer alan bir şiirde ortaya çıkıyordu. Bu şiirde Ankara'nın Başkent olacağına dair bir kehanette bulunulmuştur.

Müştak Dede'nin, Sufi anlayışına uygun olarak kehanetini şifreli bir şekilde yazdığı şiirinin 1, 3, 5, ve 7 nci mısralarında sırasıyla Arapça Elif, Nun, Kaf, Re ve He harfleri vurgulanmaktadır.

Bu harfler A, N, K, R, H yı yani Ankara'yı belirler. İkinci mısrada belirtilen bu yerin Ankara olacağı, yedinci mısrada da bunun hay-u hu ile yani Kurtuluş Savaşı kasdedilerek, gürültü patırtıyla gerçekleşeceği ima edilmektedir. Üstelik Ebcet hesabıyla birinci mısranın açılımı yapıldığında, hicri tarih ortaya çıkmaktadır. Ayrıca Başkent olacak yerin Ankara olduğu dokuzuncu mısrada geçen Sultan Hacı Bayram'a ilişkin ifadeyle de açıklanmaktadır. Çünkü Hacı Bayram Veli'nin türbesi Ankara'da yer alır.

"KURTULUŞ SAVAŞI'NDAN SONRAKİ KEHANETLERİ"

Radyo ve sinema hakkındaki kehaneti

Mustafa Kemal Atatürk'ün radyo ve sinema hakkındaki sözleri onun "Üstün Sezme Gücü"ne en önemli kanıtlardan bir diğeridir...

— *"Sinema, gelecekteki dünyanın bir dönüm noktasıdır. Şimdi bize basit gibi gelen eğlence olan radyo ve sinema bir çeyrek asra kalmadan yeryüzünün çehresini değiştirecektir. Japonya'daki kadın, Amerika'daki zenci, Eskimo'nun ne dediğini anlayacaktır. Tek ve birleşik bir dünyayı hazırlamak bakımından sinema ve radyonun keşfi yanında tarihte devirler açan matbaa, barut, Amerika'nın keşfi gibi olaylar oyuncak nisbetinde kalacaktır."*

Atatürk bu ön görüsünü; radyonun emekleme devrinde olduğu, sinemada ise yeni yeni çalışmalar yapıldığı bir dönemde ifade etmiştir. Aradan geçen yıllar küreselleşen dünyada bu keşifler sayesinde çok önemli adımlar atmıştır. Dünya insanlarının birbirlerini tanıma ve öğrenmede radyo, sinema ve televizyon çok önemli roller üstlenmiştir.

Bu keşiflerin ileride ne derecede büyük bir güce dönüşebileceklerini Atatürk yıllar öncesinden görmüştür.

Altının çizilmesi gereken bir diğer konu da Atatürk'ün o yıllarda **"Tek ve Birleşik Dünya"** düzeninden bahsetmiş olmasıdır. Son yıllarda daha yeni yeni teleffuz edilmeye başlanan **"Küresel Dünya"** anlayışını yıllar öncesinden ifade etmesi ayrı bir öneme sahiptir.

Cumhuriyet Gazetesi'ne düzenlenen saldırı ve Atatürk'ün telepatik algılayışı...

Refik Saydam'ın Sağlık Bakanlığı'na ve Başbakanlığa vekalet ettiği bir dönemde Atatürk, Ticaret Bakanı Ali Rıza

"ATATÜRK'ÜN KEHANETLERİ"

Bey'in Çankaya civarındaki köşküne davet edilmişti...

Sofrada yenilip içiliyordu... O sırada Refik Saydam'ın Atatürk'ü görmek istediği bildirildi. Salona alındı. Saydam'ın rengi atmış ve heyecan içinde Atatürk'le özel olarak görüşmek istediğini bildirdi. Atatürk sükunetle cevap verdi:

– *"Canım hele şöyle biraz yanıma gel otur bakalım. İçimizde yabancı yoktur. Açık konuşabiliriz."*

Refik Saydam İstanbul'da Cumhuriyet Gazetesi'nin Subaylar tarafından tahrip edildiğini, camlarının kırıldığını ve binanın işgal edildiğini anlattıktan sonra, bu olayın bir ihtilal başlangıcı olduğuna dair raporlar aldığını söyledi.

Atatürk dikkatle dinledi. Sakin ve güven telkin edici bir sükunetle cevap verdi:

– *"Bu basit bir olaydır..."*

Refik Saydam bir ihtilal başlangıcından söz ederken Atatürk sakin bir şekilde bunun basit bir olay olduğunu ve endişeye gerek olmadığını söylüyordu. Bir kez daha kendisine yollanan raporların gerçeği ifade etmediğine karar vermişti...

Ancak yine de tedbir elden bırakılmadı ve İstanbul'a telgraf çekilerek olayların sonuçları ve gelişimi ile ilgili son bilgiler istendi.

İstanbul'dan gelen cevaplar Atatürk'ü doğruluyordu... Atatürk telepatik algılayışında bir kez daha haklı çıkmış ve buna çevresindekiler de bir kez daha şahit olmuşlardı...

Bu olay Atatürk'ün telepati yoluyla hissettiklerinden sadece biridir. Örneğin yine bir başka olayda; zamanın Başbakanı İstanbul'da ordunun isyan ettiğinden bahsederken; O sakin bir şekilde bunun basit bir zabıta olayı olduğunu söylemesi incelenmesi ve üzerinde durulması gereken bir durumdur. Buna benzer olaylar Atatürk'ün tüm yaşamı boyunca sürekli olarak hep yaşanmıştır...

"KURTULUŞ SAVAŞI'NDAN SONRAKİ KEHANETLERİ"

8. Edward ile Madam Simpson'a ait kehaneti...

1936 yılının Ekim Ayı'nda o zamanki İngiltere Kralı 8. Edward ile Madam Simpson, Türkiye'de Atatürk'ün misafiri olarak bulunuyorlardı.

Atatürk ve misafirleri bulundukları gemiden, Moda'daki deniz yarışlarını seyrediyorlardı. Atatürk cok keyifli ve neşeliydi. İngiltere Kralı 8. Edward ile Madam Simpson yanyana oturuyorlardı. Bir ara Madam Simpson elindeki dürbünü ile ayağa kalktı. Davetliler ve gazeteciler de kalktılar. Kral da Ata'yı selamlayarak Madam Simpson'un arkasından kalkınca, Atatürk yanlarındakilere döner ve şöyle der:

– *"Kral'ın Madam'a karşı zaafı olduğunu görüyorum. Korkarım ki, tahtını bu kadın yüzünden kaybedecek."*

İngiltere tahtına çıkmış olan 8. Edward bir süre sonra Madam Simpson ile evlenmek isteyince, saray çevresindekiler ve hükümetin ileri gelenleri bu evlenmeye karşı geldiler ve engel oldular. Çünkü Madam Simpson asil tabir edilen bir aileden gelmiyordu. O halktan biriydi. Bunun üzerine 8. Edward İngiltere tahtından feragat ederek, Bayan Simpson ile evlenmişti. Bu olay Yirminci yüzyılın en büyük aşkı olarak kitaplara ve filmlere konu olmuştur.

Bu büyük aşk şimdi de burada konu olmuş durumdadır. Ancak yirminci yüzyılın unutulmaz aşkı olarak değil, Atatürk'ün kehanetlerinden biri olarak...

II. Dünya Savaşı ve Avrupa'daki siyasal değişimler...

Şimdi sıralayacağım kehanetler yine O'nun eşsiz Parapsikolojik yeteneklerinin başarısıdır...

O, yıllar öncesinden Avrupa'da olacak kanlı bir savaştan söz ediyordu. Hatta bununla da kalmıyor bu savaştan kimlerin

"ATATÜRK'ÜN KEHANETLERİ"

karlı çıkacağını da açıklıyordu... O, bütün bu açıklamalarını, Almanya'da Naziler'in henüz daha iktidara gelmediği 1932 yılında yapıyordu.

Atatürk Mac Arthur ile olan bir görüşmesinde şöyle diyordu:

— *"Versay Antlaşması I. Dünya Savaşı'na sebebiyet vermiş olan nedenlerden hiç birini halledemediği gibi, bilakis dünün başlıca rakiplerinin arasındaki uçurumu büsbütün derinleştirmiştir. Zira galip devletler mağluplara sulh şartlarını zorla kabul ettirirlerken, bu memleketlerin Etnik, Jeopolitik ve İktisadi özelliklerini asla nazarı itibara* (dikkate) *almamışlar ve sadece intakam hisleri ile hareket etmişlerdir. Böylelikle bu gün içinde yaşadığımız sulh devresi sadece mütarekeden ibaret kalmıştır. Eğer siz Amerikalılar Avrupa işleri ile ilgilenmekten vazgeçmeyerek Wilson'un programını tatbik etmekte ısrar etseydiniz, bu mütareke devresi uzar ve bir gün devamlı bir sulha müncer olabilirdi.* (barışa ulaşılabilirdi) *Bence dün olduğu gibi, yarın da Avrupa'nın geleceği Almanya'nın alacağı vaziyete bağlı bulunacaktır. Fevkalade bir dinamizme sahip olan bu 70 milyonluk çalışkan ve disiplinli millet üstelik milli ihtiraslarını kamçılayabilecek siyasi akıma kendisini kaptırdı mı, er geç Versay antlaşmasının tasviyesine gidilecektir."*

Atatürk Almanya'nın İngiltere ve Rusya hariç olmak üzere bütün Avrupa Kıtası'nı işgal edebilecek bir orduyu kısa bir zamanda oluşturabileceğini, savaşın 1940-1946 yılları arasında başlayacağını ve sona ereceğini, Fransa'nın ise kuvvetli bir ordu yaratmak için lazım gelen nitelikleri artık kaybettiğini ve İngiltere'nin Adaları'nı savunmak için bundan sonra Fransa'ya güvenemeyeceğini önceden bildirmiştir.

O yıllarda Dünya'nın büyük devletleri olarak kabul edilen Amerika, İngiltere ve Fransa'daki yöneticiler I. Dünya Savaşı gibi bir savaşın asla olmayacağını iddia ediyorlardı. Atatürk

"KURTULUŞ SAVAŞI'NDAN SONRAKİ KEHANETLERİ"

ise bütün bunların aksine yeni bir dünya savaşının çıkacağını ve bu savaşı da Hitler'in başlatacağını söylüyordu.

– *"Savaşı o başlatacak, insanlığın başına bela olacak"* diyordu.

1938 yılında hastalığının ilerlediği günlerde bile savaşın yakınlaştığını hissediyordu. Gerçi birçok tedbirler almıştı ama onun tek isteği Türkiye Cumhuriyeti'nin bu savaşın dışında kalmasıydı. Tıpkı İttihat ve Terakki Yöneticilei'ni I. Dünya Savaşı'na girmemeleri konusunda uyarması gibi... Onun bu isteğini vefatından sonra İsmet İnönü gerçekleştirmiştir.

Açıkça şöyle diyordu:

– *"Bu harp neticesinde dünyanın vaziyeti ve dengesi baştanbaşa değişecektir. İşte bu devre esnasında doğru hareket etmesini bilmeyip en küçük bir hata yapmamız halinde, başımıza I. Dünya Savaşı'ndan sonra mütareke zamanında ne geldiyse, ondan daha ağırlarının geleceğini görüyorum."*

Savaşın çıkış tarihini net bir şekilde söylemiş olduğuna şahit olanların sayısı bir hayli fazladır.

Celal Bayar *"Atatürk'ten Hatıralar"* kitabında: *"Azami üç seneye kadar dünyada bir savaş patlayacağına ve bunun tesirlerinin Türkiye'de yakından duyulacağına ilişkin olarak; Atatürk'e hükümet kanalından hiç bir bilgi verilmemiştir"* derken, benim teorimi yani Atatürk'ün geleceği önceden görebildiğini teyid etmektedir.

Atatürk adeta tüm dünyanın geleceğini okuyordu. Örneğin İtalya için de şu görüşlere yer vermiştir:

– *"İtalya Mussolini idaresi altında şüphesiz büyük bir kalkınmaya ve inkişafa* (gelişmeye) *mazhar olmuştur. Eğer Mussolini mustakbel* (gelecekteki) *bir harpte İtalya'nın zahiri* (görünen) *heybet ve azametinden harp haricinde kalmak suretiyle yeterince yararlanabilirse, sulh masasında da başlıca rollerden birini oynayabilir. Fakat korkarım ki, İtalya'nın bu günkü şefi, Sezar rolünü oynamak hevesinden kendisini*

"ATATÜRK'ÜN KEHANETLERİ"

kurtaramayacaktır...''

Atatürk aynı zamanda Amerika'nın geçen savaşta olduğu gibi bu gelecekteki muhtemel savaşta da (II. Dünya Savaşı'nda) tarafsız kalamayacağını ve Almanya'nın ancak Amerikan müdahalesiyle mağlup edilebileceğini de sözlerine ilave edip şöyle devam etmiştir:

— *"Avrupalı devlet adamları başlıca anlaşmazlık konusu olan önemli siyasi meseleleri her türlü milli bencilliklerden uzak ve yalnız toplum yararına uygun olarak son bir gayret ve tam bir iyi niyetle ele almazlarsa, korkarım ki, felaketin önü alınamayacaktır. Zira Avrupa meselesi İngiltere, Fransa ve Almanya arasındaki anlaşmazlıklar problemi olmaktan artık çıkmıştır. Bu gün Avrupa'nın doğusunda bütün medeniyeti ve hatta bütün insanlığı tehdit eden yeni bir kuvvet belirmiştir. Bütün maddi ve manevi imkanlarını top yekün bir şekilde ihtilali gayesi uğruna seferber eden bu korkunç kuvvet, üstelik Avrupalılar ve Amerikalılar'ca henüz malum olmayan yepyeni siyasi metodlar tatbik etmekte ve rakiplerinin en küçük hatalarında bile mükemmelen istifade etmesini bilmektedir. Rusya'nın yakın komşusu ve bu memleketle çok savaşmış bir millet olarak biz Türkler, orada cereyan eden olayları yakından takip ediyor ve tehlikeyi bütün çıplaklığıyla görüyoruz. Uyanan Doğu milletlerinin düşüncelerini mükemmelen istismar eden, onların milli ihtiraslarını okşayan ve kinlerini tahrik etmesini bilen bolşevikler yalnız Avrupayı değil, Asyayı da tehdit eden başlıca kuvvet halini almıştır."*

Yukarıda aktarmış olduğum Atatürk'ün kehanetlerini yorumlarsak, O'nun "Üstün Sezme Gücü"nü çok daha iyi anlayabiliriz.

Atatürk'ün ileri sürdüğü ön görülerinin birçoğu gerçek anlamda birer kehanet özelliği taşır. Söyledikleri 1932 tarihli olduğuna göre Almanya'da Naziler ve Hitler iktidara geçmemiş-

"KURTULUŞ SAVAŞI'NDAN SONRAKİ KEHANETLERİ"

ti ve mecliste de güçlü değillerdi. Ancak bir yıl sonra 1933 yılında iktidara geldiler ve hızla bir kalkınmaya girdiler. Bu arada yepyeni bir Alman Ordusu kurarak, modern silahlar üretmeye başladılar.

Daha sonra Versay Antlaşması çiğnendi. O sıralarda Alman milletinin milli hisleri tahrik edilmeye başlanmıştı. Almanlar, büyük ve modern bir Almanya için Naziler'in peşinden koşmaya başladılar. Ancak yine de, o yıllarda bütün Dünya ikinci bir dünya savaşını beklemiyordu. Fakat Atatürk'ün söylediği savaş 1940 yılında başladı ve tam altı yıl sürdü. Yani Atatürk'ün 1932 yılında söylemiş olduğu gibi...

Yine Atatürk'ün önceden söylemiş olduğu gibi bu savaştan en karlı çıkan ulus Rusya oldu ve büyük bir süper güç haline geldi.

Bütün bu tarihi olaylar da göstermektedir ki; Atatürk yıllar öncesinden geleceği bilerek açıklamış ve günü geldikçe bunlar teker teker gerçekleşmiştir.

İtalyanlar'ın Habeşistan'a saldıracakları hakkındaki kehaneti...

Bu tarihi olayı nakleden, Ata'nın yakın arkadaşlarından Münir Hayri Egeli'dir. Egeli'nin ağzından olayı ve olayın gelişimini takip edelim:

Habeşiştan Savaşı başlamadan önce İtalya'nın Rodos'a askeri harekatta bulunduğu günlerdi... Bir akşam yine Atatürk'ün sofrasına davet edilenler onu balkonda gezinirken buldular. Atatürk: *"Tevfik Rüştü nerede?"* diye sordu. Ankara Palas'da bazı sefirlere ziyafet veriyor, dediler.

"Biz de oraya gitsek olmaz mı?" diyen Atatürk'ün bu sözünden sonra hep birlikte Ankara Palas'a gidildi.

Atatürk Arnavutluk Elçisi Asaf Bey'in yakınında giriş ve çıkış kapısını iyi görebileceği bir yere oturdu.

"ATATÜRK'ÜN KEHANETLERİ"

Atatürk: *"Asaf bey, gazetelerde bir takım resimler görüyorum. Arnavutluk'da operet mi oynanıyor?"* Bu sözleri ile yeni Kral Zogo'nun sorguçlu resimlerini kastettiğini anlayan elçi şaşırıyor... Atatürk devam ediyor:

— *"Cumhuriyet'de ne zarar görüldü ki, krallık ilan edildi? Hem takip edilen politika tehlikelidir. İtalya'nın Arnavutluk'u Balkanlar'da bir basamak yapması muhtemeldir."*

Bunu duyan İtalyan sefiri müdaheleye kalkınca Ata:

— *"Haber aldığımıza göre Roma'da bazı öğrenciler elçilik önünde gösteri yaparak Antalya'yı istemişler. Antalya sigara paketi midir ki sefir cebinden çıkarıp versin. Antalya buradadır. Buyurun alın. Hem benim bir teklifim var. Hakikaten böyle bir şey düşünülüyorsa, Musolini'ye müsaade edelim. Antalya'ya asker çıkarsın. Bütün ihracat tamam olunca harp ederiz. Mağlup olan hakkına razı olur."*

Bu sözleri duyan İtalyan Elçisi atılıyor: *"Bu bir harp ilanı mıdır?"*

Atatürk: *"Hayır ben burada bir fert olarak konuşuyorum. Türkiye de harp ancak Türkiye Büyük Millet Meclisi'nin yetkileri içindedir."*

Bu durum üzerine Başbakan İsmet Paşa'ya telefon edilir. Ve Ankara Palas'a çağrılır. Atatürk bunu haber alınca:

— *"Hükümet geliyor, biz gidelim"* der.

Çankaya'ya döndüğü zaman şunları söyler:

— *"İtalya ile harp tehlikesi yok. Rodos'a yapılan hareket Habeşistan'a yönelecektir."*

O yıllarda İtalya'daki faşist yönetim kendisine yeni sömürgeler arıyordu. Hatta Avrupa gazetelerinde zaman zaman İtalya'nın Rodos Adası'na yakın Anadolu topraklarını işgale hazırlandığı ile haberler yayınlanıyordu. Türk hükümeti her ihtimale karşı bütün tedbiri almıştı. Ancak Atatürk'ün söylediği yine gerçekleşdi ve İtalya Türkiye'ye saldırmadı. İtalya aynen Atatürk'ün söylemiş olduğu gibi kısa bir süre sonra Habeşis-

"KURTULUŞ SAVAŞI'NDAN SONRAKİ KEHANETLERİ"

tan'a saldırdı.

Atatürk gelecekle ilgili yaptığı tahminlerde bir kez daha yanılmamıştı...

Romanya için söylediği kehanet

29 Ekim 1937'de Ankara Sergi Evi'nde Cumhuriyet Bayramı şerefine balo veriliyordu. Bu baloya Romanya Başbakan'ı Titülesku da davetliydi. Salonun bir köşesinde Atatürk, Başbakan Celal Bayar, Tevfik Rüştü Aras, Romanya Başbakanı ve devletlerin diğer ileri gelenleri bulunmaktaydı. Bu arada Romanya Büyükelçisi ile konuşuyorlardı. Bir ara Atatürk Romanya Başbakanı Titülesku'ya, Balkan birliğinin lüzumundan ve oluşturulmasından bahseder ve şu soruyu sorar:

— *"Ekselans, Dünya siyasi durumunun nezaketini biliyorlar mı? Bir cehennemi harbin vukuunda* (olduğunda) *ilk harekete Romanya maruz kalacaktır. Eğer sezmiyorlarsa Romanya devletinin dahil bulunacağı bir Balkan Birliği'nin süratle takviyesi lazımdır."*

Atatürk bu sözlerinden sonra, Romanya Kralı'nın bu konuda Türkiye'yi ziyaret etmesini istediğini de Titülesku'ya bildirir...

Birkaç gün sonra Titülesku Romanya'ya geri döner. Atatürk'ün söylediklerini Kralına anlatır. Fakat Romanya Kralı Başbakan Titülesku'nun ilettiği mesajın ne derece önemli olduğunu anlayamaz. Ve Titülesku'nun Atatürk'ün bu fikirlerini kabul ettiğini görünce, onu da Başbakanlık görevinden uzaklaştırır.

Romanya Kralı böyle bir savaşın çıkacağına asla inanmıyordu!.. Oysa ki Atatürk yanılmamaktaydı... Romanya Kralı bunun faturasını İkinci Dünya Savaşı başladığında öder. 1940 yılında önce Ruslar Romanya'nın elinde bulunan bazı bölgeleri ele geçirir. Arkasından Alman Orduları da 1940 sonlarına

"ATATÜRK'ÜN KEHANETLERİ"

doğru Balkanlar yönüne doğru harekete geçerler. Önce Macaristan'ı arkasıdan da Romanya'yı alırlar.

Atatürk'ün kehaneti doğru çıkmış ve kendisinin önceden söylediği gibi Romanya işgal edilmiştir...

İznik Kapıları ile ilgili kehaneti

Atatürk, 15 Temmuz 1936'da Yalova'dan Bursa'ya geçerken İznik'e uğramıştı. Yanında Celal Bayar, Afet hanım ve daha bazı arkadaşları vardı. Afet hanım İznik'i gezmek için Atatürk'ten izin alır. Atatürk:

— *"Hay, hay... Gidebilirsiniz fakat asıl İznik'i göremeyeceksiniz. Çünkü o toprağın altındadır"* der.

Atatürk etrafındakilere sorar:

— *"İznik kaç kapılıdır?"*

Bir İznikli yanıt verir:

— *"Üç kapısı vardır efendim. Bulunduğumuz yerin doğusundaki kapı, kuzeyindeki Yenişehir kapısı, güneyindeki İstanbul kapısı..."*

Atatürk'ün *"Peki Batı kapısı nerede?"* diye sorması üzerine İznikli öyle bir kapının olmadığını ve böyle bir kapıyı bilmediklerini söyler.

Atatürk bir müddet susar.. Ve o konuyla ilgili başka bir söz etmez.. Konu kapanır...

Aradan seneler geçer...

Biriken suları İznik Gölü'ne akıtmak için kanal açmaya uğraşan işçiler, suların kendiliğinden boşluk bularak akmaya başladığını görürler... Kazıya devam edilir... Sonunda toprağın altından tam teşkilatlı kurşun bir kapıyı ortaya çıkartırlar... İşte bu kapı Atatürk'ün aradığı ve bahsettiği kapıdır!...

"KURTULUŞ SAVAŞI'NDAN SONRAKİ KEHANETLERİ"

Orman Çiftliği ile ilgili kehaneti

Atatürk'ün "Üstün Sezme Gücü" sadece gelecekte ortaya çıkacak olaylarla ilgili değil, aynı zamanda başka türlü meselelerde de kendisini gösteriyordu. O sanki toprağın derinliklerini bile görebilecek bir yeteneğe sahipti...

Az önce aktardığımız olay bunun en canlı kanıtıdır... Şimdi aktaracağımız Orman Çiftliği'nin kurulma yeri olarak gösterdiği alan da, yine bu inanılmaz yeteneğini gözler önüne sermektedir...

Atatürk bir gün Ankara'nın banliyölerinde araba ile dolaşırken, arabasını durdurur. Şimdiki Orman Çiftliği'nin bulunduğu bölgede bir çiftlik kurmak istediğini yanındakilere açıklar. Fakat itiraz ile karşılaşır...

– *"Paşam burada bir şey yetişmez. Burada su dolu bir testi toprağa gömülse akşamdan sabaha çıkmaz."*

Yetkililer de bu bölgede hiç bir şeyin yetişemeyeceğini söylerler.

Fakat Atatürk fikrinden vaz geçmez. Bu bölgede bir çiftlik kurulabileceğini ısrarla vurgular.

Bunun üzerine Atatürk'e konuyu ispat etmek için su dolu bir testi toprağa gömülerek bir gün bırakılır. Ertesi gün testinin topraktan çıkarıldığında su dolu olduğu görülür...

Şimdi o yerde "Atatürk Orman Çiftliği" bulunmaktadır...

Kral Edward'a tavsiyesi...

Bir gün Atatürk, Çankaya'da sofra sohbetinde Kral Edward'la yaptığı görüşme hakkında şunları söyledi:

– *"İngiltere Kralı Edwad'a bazı tavsiyelerde bulundum. Eğer hükümetinin bunlara uymasını temin ederse çok iyi olacağını anlattım."*

"ATATÜRK'ÜN KEHANETLERİ"

Bütün yüzlerde merak belirtileri ortaya çıktı. Herkes aynı anda sordu:

— *"Neler tavsiye ettiniz Paşam?"*

— *"Aynen şu sözleri söyledim: Siz İngilizler soğukkanlı ve iradenize çok hakim insanlarsınız. Bu huy çok defa leyhinize netice veriyor. Fakat bazen de aleyhinize döndüğü oluyor. Mesela şu sırada karşınızda büyük bir rakip var. Gece gündüz harıl harıl çalışıyor ve harbe hazırlanıyor. Siz buna hiç ehemmiyet vermiyorsunuz. Şayet bu hal devam ederse bir gün gelecek koskoca Britanya Adası'nı altınızdan halı çeker gibi çekecek, bütün milletinizi sırtüstü yere serecek. Harekete geçiniz, siz de hazırlıklı bulununuz. Gafil avlanmayınız."*

Bu sözleri İngiltere Kralı Edward'a 1936'da Türkiye gezisinde söylemiştir. Mustafa Kemal Atatürk, İkinci Dünya Savaşı'nın çıkacağını ve ilk hedefin de İngiltere olduğunu ifade ederek kendisini uyarmıştır.

Sadece Kral Edward'ı değil, Atatürk Türkiye'yi ziyarete gelen tüm liderleri yıllar öncesinden İkinci Dünya Savaşı tehlikesine karşı uyarmış ve önlemler almalarını istemiştir. Fakat ne var ki, her şeyi kendilerinin daha iyi bildiklerini düşünen Batılı devletler, Atatürk'ün bu uyarılarına fazla kulak asmamışlardır. Ancak sonuçta bu faturayı çok ağır ödemek zorunda kalmışlardır.

Rusya'nın geleceği...

Kurtuluş Savaşı sırasında en büyük desteği Rusya'dan alan Mustafa Kemal, savaş sonrasında ise ilişkilerini belli bir düzeyde sürdürüyordu. Çünkü Lenin'den sonra iktidarı ele geçiren Stalin, Rusya'yı keyfi bir şekilde yönetiyordu...

Yıl: 1936...

Atatürk her zamanki gibi Çankaya'daki akşam yemeklerin-

"KURTULUŞ SAVAŞI'NDAN SONRAKİ KEHANETLERİ"

de ülkenin sorunlarını konuşurken, masadakiler sık sık Paşam, Ruslar şöyle ileri adımlar atıyor, ekonomide, sanayide, askeri alanda şöyle başarılı oluyorlar diye anlatıyorlardı.

Atatürk bunun üzerine yemeği bırakıp masanın üzerindeki içinde meyvelerin bulunduğu tabağı alıyor ve yere atacakmış gibi yapıyor. Masadakilere: *"Eğer bunu yere bıraksam kaç parça olur?"* diye soruyor.

"40 parça olurdu Paşam" diyorlar.

"Hayır..." diyor Atatürk, soruyu yine tekrar ediyor, aynı cevabı alıyor. Bunun üzerine: *"Bilemediniz..."* diyor. Ve devam ediyor:

— *"Biraz sabredin... Yurtta Sulh, Cihan'da sulha sarılın. Çünkü 60 yıl sonra Rusya 60 parça olacak. Bu nesil Bolşevik İhtilali yaptı. Kan kussa, kızılcık yedim der. Oğulları da babalarının istikametinde gider. Ama ondan sonraki nesil Rusyayı 60 parçaya böler..."*

Şimdi Atatürk'ün bu sözleri söylemiş olduğu 1936 yıllarını şöyle bir hatırlayalım... Henüz daha II. Dünya Savaşı çıkmamış ve Rusya büyük bir güç olmamışken, bu sözler söylenmiştir. **Yani inanılacak gibi değil ama 1936'da 1990'ları anlatmıştır.** Bunun tek bir izahı olabilir. Bu normal şartlarda açıklanabilecek bir mesele değildir. Eğer Atatürk'ün geleceği görebilen "Üstün Sezme Gücü" olmasaydı, böyle bir kehanetti bulunabilmesi mümkün olamazdı...

Gerçekten de Rusya'daki parçalanma, Atatürk'ün söylemiş olduğu gibi üçüncü nesilde meydana gelmiştir.

Atatürk 1936 yılında Rusya'nın parçalanacağını söylerken ayrıntılı açıklamalarda da bulunmuştur:

— *"Bu gün Sovyetler Birliği dostumuzdur, komşumuzdur, müttefikimizdir. Bu dostluğa ihtiyacımız vardır. Fakat, yarın ne olacağını kimse bugünden kestiremez. Tıpkı Osmanlı gibi, tıpkı Avusturya Macaistan İmparatorluğu gibi parçalanabilir, ufalanabilir. Bu gün Rusya'nın elinde sımsıkı tuttuğu*

"ATATÜRK'ÜN KEHANETLERİ"

milletler avuçlarından kaçabilirler. Dünya yeni dengeye ulaşabilir. İşte o zaman Türkiye ne yapacağını bilmelidir. Bizim, bu dostumuzun idaresinde dili bir, inancı bir, özü bir kardeşlerimiz vardır. Onlara sahip çıkmaya hazır olmalıyız. Hazır olmak yalnız o günü susup beklemek değildir. Hazırlanmak lazımdır. Milletler buna nasıl hazırlanır? Manevi köprüleri sağlam tutarak... Dil bir köprüdür. İnanç bir köprüdür. Tarih bir köprüdür. Köklerimize inmeli ve olayların böldüğü tarihimiz içinde bütünleşmeliyiz. Onların bize yaklaşmasını bekleyemeyiz, bizim onlara yaklaşmamız gereklidir." (*)

"Rusya bir gün dağılacaktır. O zaman Türkiye onlar için örnek bir ülke olacaktır" diyen Atatürk kehanetlerine şöyle devam eder: *"Türkiye 21 ci Yüzyılı şekillendiren Avrasya için bir kilit ülke konumundadır. Onlar bizi örnek alacaklardır."*

Atatürk'ün Türk Cumhuriyetleri için söylediği kehanetleri onaylayan Genel Kurmay İkinci Başkanı Orgeneral Çevik Bir; 4 Mayıs 1998 tarihli **Sabah Gazetesi**'nde **"ATATÜRK GERÇEĞİ 65 YIL ÖNCE GÖRDÜ"** başlığı ile yayınlanan demecinde şunları söylemiştir: Gazeteden aktarıyorum...

"Yeni Atlantik Girişimi toplantısında konuşan Orgeneral Bir, Türkiye'nin dış politika hedeflerini ve NATO genişlemesinin bölge dengeleri üzerindeki etkisini anlattı. Türkiye'nin artan önemine dikkat çeken Bir, "Türkiye 21'inci yüzyılı şekillendiren Avrasya için bir kilit ülke konumundadır. İlginç olan, Mustafa Kemal Atatürk'ün bu gerçeği 65 yıl önce görmesidir' dedi. Orgeneral Çevik Bir, Atatürk'ün

---

(*) Atatürk'ün söylediği bu sözler de gerçekleşti. Türk Cumhuriyetleri ile köprüler kurulması gerekliliği de ortaya çıktı..Ancak ne yazık ki, bu görev günümüzde devlet eliyle değil de, asıl gayeleri tam olarak belli olmayan bir tarikat uzantısının yani Nurculuk Cemaati ve Fettulah Gülen'in eliyle sürdürülmektedir. Bu da konunun üzücü yanıdır. (SINIR ÖTESİ YAYANILARI)

"KURTULUŞ SAVAŞI'NDAN SONRAKİ KEHANETLERİ"

SSCB'nin günün birinde dağılacağına ilişkin sözlerini de hatırlatarak, Türkiye'nin diğer Avrasya ülkeleri için iyi bir model olduğunu kaydetti."

Celal Bayar ile ilgili kehaneti...

Cumhurbaşkanlığı yaptığı süre içinde krallardan, devlet adamlarına kadar birçok kişi ile görüşen Atatürk, gelecek yıllarda politikada üst düzeylere kadar çıkacak olan kişiler için de zaman zaman bazı kehanetlerde bulunmuştur...

Atatürk Celal Bayar'ın bir gün ülke yönetimine geleceğini de çok önceden söylemişti...

Atatürk, yanında Bakanlar'la birlikte trenle bir yurt gezisine çıkmıştı. O yıllarda Türkiye ekonomisini kurtarmak için çalışmalar yapan Celal Bayar da geziye katılanlar arasında yeralıyordu. Tren bir mola sırasında durmuştu. Atatürk'ün gözleri bir ara Celal Bayar'ın üzerinde durdu...

O sıra bir düşünce alemine daldığı belli oluyordu...

Sonra birden yanındakilere dönerek şöyle konuştu:

– *"Şayet bu memlekette bir gün kansız ihtilal olacaksa ve bu ihtilale biri liderlik edecekse, o adam Celal Bayar olacaktır."*

Sonra başka bir konuya geçen Atatürk'ün bu sözlerini dinleyenler hiç bir şey anlamamışlardı...

Olay unutulup gitti...

Aradan uzun yıllar geçti... Ve aradan geçen yıllar Atatürk'ü bir kez daha haklı çıkardı. Tutucu ve bağnazların desteklediği Demokrat Parti 1950'de iktidara geldi. Adnan Menderes Başbakan olurken, Demokrat Parti'nin liderliğini yapan Celal Bayar Cumhurbaşkanı oldu... (*)

(*) Atatürk devrimlerinden sapma gösterecek kansız ihtilal gerçekleşmiş oldu... Şeriatçı Tarikatların yeniden ortaya çıkması da bu tarihlere rastlar. (SINIR ÖTESİ YAYINLARI)

"ATATÜRK'ÜN KEHANETLERİ"

Kafasının içi sarıklı olanlar...

İtalya'nın faşist lideri Musolini'nin Türkiye'ye karşı savaş açmak için bahaneler aradığı günlere rastlayan bir tarihte Atatürk, 300 kadar üyeyi Büyük Millet Meclisi'ndeki salonunda kabul etti.

Özel olarak yapılan toplantıda Türk Ocakları'nın başlıca konuları devrimlerin halk tabakalarına anlatılması, prensip olarak kabul edilmiştir.

Atatürk şöyle diyordu:

— *"Terbiye ya milli olur, ya da dini olur. Biz dini terbiyeyi aileye bıraktık. Milli terbiyeyi de devlete aldık. Okullarımızda ve bütün kültür müesseselerimizde milli terbiye esas alınmıştır. Çocuk dini terbiyesini ailesinden alacaktır. Bu arada İlahiyat Fakülteleri de dini terbiyeyi takviye edecektir..."*

Bu arada bir Kurultay üyesi atılarak: *"Paşam, müsterih olun. Bu inkilaplar yerleşmiştir. Millet bunu anlamıştır, benimsemiştir. Devrimlerimizin halk tabakaları arasında ve her tarafta kökleşmiş olduğu muhakkaktır. Bundan emin ol Paşam"* dedi. Bu sözleri duyan Atatürk bir an durdu. Sonra teker teker herkese sordu:

— *"Arkadaşınızın bu fikrine ne dersiniz?"*

Verilen cevaplar içinde, bu fikre kati şekilde iştirak edeni yok gibiydi. Herkes aşağı yukarı müphem konuştu. Bunun üzerine Atatürk:

— *"Arkadaşlar inkilaplarımız henüz yenidir. Dedikleri gibi kökleşip benimsendiği hakkındaki kanaatlerimiz ancak ileride karşılaşacağımız hadiselerle tahakkuk edecektir. Fakat şimdi şuna emin olmalısınız ki, bu gün başına şapka giyen, sakalını bıyığını traş eden, smokin ve frakla cemiyet hayatında yer alanlarımızın çoğunun kafalarının içindeki zihniyet hala sarıklı ve sakallıdır."*

O'nun bu ileri görüşlü tahmini, maalesef günümüzde de ha-

"KURTULUŞ SAVAŞI'NDAN SONRAKİ KEHANETLERİ"

la geçerliliğini sürdürmektedir... Ve kafalarının içindeki sarıkları yaptıkları takiyelerle gizlemeye çalışan gerici çevreler, halen varlıklarını sürdürmeye devam etmektedirler...

Aradan geçen bunca yıldan sonra; insan ister istemez düşünüyor... Atatürk o yıllarda bunları söylüyordu... Peki ya bu gün hayatta olsaydı... Evet bu gün hayatta olsaydı, yükselen şeriat tehlikesine karşı acaba neler söylerdi?...

Avrupa Birliğinin kurulacağını çok öncelerinden biliyordu...

Parapsikolojik yeteneğiyle gelecekteki olayları yakın arkadaşlarına anlatan Atatürk, 1930'lu yıllardan günümüze kadar gerçekleşecek siyasal ve sosyal olaylar hakkında da kehanetlerini açıklarken, Dış politikaya da çok önem vermiştir.

Türkiye'nin komşularında meydana gelebilecek olaylardan etkilenebileceğini savunan Atatürk bir akşam Çankaya Köşkü'nde çocukluk ve mahalle arkadaşı Asaf İlbay'ın da aralarında bulunduğu dostlarına dış siyaset hakkında şunları anlatır:

– *"Bir Balkan Birliği'ne lüzum vardır. Beni bırakınız fırkamın* (partimin) *lideri olarak Balkanlar'da bir seyehat yapayım. Balkan devlet adamlarıyla konuşayım ve efkarı umumiyeyi hazırlayayım. Dünyanın ufuklarında kara bulutlar görüyorum. Balkan Birliği kurulabilirse, bir Avrupa Birliği'ne yol açılabilir. Batı devletleri de er geç birleşmiş olacaklardır."*

Atatürk Avrupalı liderlerin o zamanlar daha akıllarına bile getiremedikleri bu günkü Avrupa Birliği düşüncesini, daha o yıllarda dile getirmiş olması çok dikkat çekicidir. Çünkü Avrupa Birliği düşüncesi ilk olarak II. Dünya Savaşı sonrasında ortaya ancak çıkabilmiştir. 1960'ların başında Batı ülkeleri tarafından üzerinde konuşulmaya başlanmış olan bu düşünce, 1980'lere gelindiğinde ancak genişlemeye başlayabilmiştir.

"ATATÜRK'ÜN KEHANETLERİ"

1990'lı yıllarda tam olarak şekillenebilen bu düşünce, günümüzde ortak para birimi ve sınırların kaldırılması ile Tek Bir Avrupa Devleti ile önümüzdeki yıllarda şekilleneceğe benziyor. Yani Atatürk'ün yıllarca önce söylediği Avrupa Birliği hızla gerçekleşme yolunda ilerlemektedir.

Ne ilginçtir ki Atatürk gelecekte oluşacak hem Avrupa Birliğin'den söz etmiş, hem de bunun bir benzerinin Balkan Devletleri'nce de gerçekleştirilmesi gerektiğini ileri sürmüştür.

Hariciye Vekili Tevfik Rüştü Aras Atatürk'e sorar: *"Balkan Birliği'nin esasları hakkında ne düşünüyorsunuz?"*

Atatürk cevap verir:

— *"İktisadi, siyasi, kültürel ve askeri birlik; sınır olmayacaktır. Her millet demokrasi esaslarına göre kendi milli varlığını muhafaza edecektir. Bir Tek Devlet, Bir Tek Ordu, her milletin milletvekillerinden oluşan bir meclis kurulur ve sıra ile 2 ya da 4 senede bir Cumhurreisi seçilir."*

Bu görüşlerini ileri süren Atatürk aynı zamanda bunun gerçekleşmemesi halinde Balkan devletlerinde meydana gelecek karışıklıklara da dikkat çekmiştir. Örneğin Balkanlar'ın 60 yıl sonrasını görmüş ve bunu da çevresindekilere bildirmiştir...

Bosna - Hersek Savaşı'nı, Yugoslavya'nın parçalanışını, Balkanlar'daki devletlerin sosyalist rejimden çıktıktan sonra karışacaklarını da bildirmiştir. İlerde meydana gelecek tüm bu gelişmelerle ilgili yabancı devlet yöneticilerini sürekli olarak uyardı. Ancak O, o kadar çağın ilerisinden haberler veriyordu ki, kimse O'nu anlayamadığı için ciddiye almıyordu. Yabancı devlet yöneticilerinden sadece birisi onun bu sözlerini Balkanlar'da kendi toprakları üzerinde uyguladı: Joseph Broz Tito...

Almanlar tarafından işgal edilen Yugoslavya'yı kurtaran ve daha sonra Devlet Başkanlığı'na seçilen Tito, Atatürk'ün sözlerini büyük bir ciddiyetle yerine getirdi. Sovyetler Birliği'ne bağlı olmayan Tito, ülkesinde bulunan Sırp, Hırvat, Sloven, Müslüman Bosnalı, Makedon ve Arnavutların yeraldığı moza-

"KURTULUŞ SAVAŞI'NDAN SONRAKİ KEHANETLERİ"

ik içerisinde, Yugoslavya Cumhuriyeti'ni hayata geçirdi. Küçük bir Balkan Birliği'ni meydana getirdi. Tek Devlet, Tek Ordu ve Tek Meclis'te temsil edilen tüm halkların milletvekillerinden oluşan bir Meclis kurdu. Devlet Başkanlığı'nı sıraya koydu...

Ne varki kurduğu sistem 1982 yılında ölümünden sonra 8 yıl sürebildi ve 90'ların başında Yugoslavya Ordusu'nu ele geçiren Sırplar; Bosna - Hersek'e saldırdılar. Bosna savaşı çıktı. Bu savaş Yugoslavya'yı parçalanmaya götürdü. Önce Slovenya ayrıldı. Onu Hırvatistan izledi. Savaş ABD ve Avrupa'nın araya girmesiyle sona erdi...

Kısacası Balkanlar'daki karışıklıklar Atatürk'ün yıllarca önce söylemiş olduğu gibi bir türlü sona ermedi. Bu savaşları ve olayları önceden haber veren Atatürk, kendisine inanacak hiç kimseyi o yıllarda bulamamıştı.

Oysa ki, O bakışlarını belli bir noktada yoğunlaştırarak dalgın bir halde ısrarla şunları söylüyordu:

"... Evet, bir Balkan Birliği ve sonra da Batı Devletleri Birliği beşeriyeti ve ulusları, görünür görünmez felaketlerden koruyabilir. Yoksa insanlığın başına gelecek sefalet ve ıstıraplara ölçü yoktur. Dünya bir uçuruma doğru gidiyor..."

Ortadoğu sorununu da yıllar öncesinden görmüştü...

Cumhurbaşkanlığı döneminde Arap ülkelerinden gelen heyetlerle görüşen Atatürk, Arap sorununun uluslararası anlaşmazlıklara neden olacağını görmüş ve hissetmiştir. Türkiye'nin bağımsız bir ülke olmasından sonra Arap ülkelerine Türkiye'ye dönmeleri için değil, onların emperyalistlerin sadakalarını almalarını önlemek, bağımsızlık ve özgürlüklerini elde etmelerini sağlamak için yardım ediyorduk.

Şöyle diyordu Mustafa Kemal:

"ATATÜRK'ÜN KEHANETLERİ"

— *"Biz Türkler, Milli Misakımız'da, Arap ülkelerine sahip olmaktan vaz geçtik. Araplar kendi alın yazılarını kendileri belirtebilirler ve belirtmelidirler. Sivas Kongresi'nde Pan-Türkizm, Pan-İslamizm gibi konularda tartışmalar oldu. Bu modası geçmiş prensiplerin taraftarları ağızları köpürerek, bunları savundular. Ama aklı başında çoğunluk başka türlü karar verdi. Bu bizim işimiz değildi. Bizim amacımız, Türkler'in oturduğu toprakların çerçevesi içinde milli bir Türkiye kurmaktır."*

Atatürk Lozan'da Ortadoğu'nun bazı bölgeleri terk edildikten sonra boşalan bu yerlere istese girebilirdi. Ancak O Arap-İsrail sorunu başta olmak üzere, Ortadoğu'daki diğer sorunları daha 1930'larda görerek Türkiye'yi bunların dışında tutmuştur.

Yıllar sonra çıkan kehaneti ve Montrö Anlaşması...

Mustafa Kemal genç bir Osmanlı Subayı iken Selanik'teki Olimpia Birahanesi'nde arkadaşlarıyla yaptığı bir konuşma sırasında onlara ileride çeşitli görevler vereceğini söylerken Tevfik Rüştü Aras'a da "Doktor seni Hariciye Vekili yapacağım ve dış politikadaki meseleleri sana hallettireceğim" demişti... Bundan daha önce sizlere bahsetmiştim...

Bakın aradan geçen yıllar bu kehanetini nasıl doğrulamıştır...

Lozan Barış anlaşmasına bağlı olarak yer alan Boğazlar'ın her iki sahilinin silahtan arındırılması kararı Türkiye Cumhuriyeti'ni rahatsız ediyordu. Dört büyük devletin garantisi bulunduğundan dolayı barışın acilen yapılabilmesi için bu şarta katlanılmıştı. Boğazlar'ın silahtan arındırılması kaydını ilk fırsatta kaldırmak isteyen Atatürk fırsat bekliyordu.

Doktor Tevfik Rüştü Aras Dış ilişkilerimizde, konunun bizim lehimize düzeltilebimesi için girişimlere 1933 yılının ilk

"KURTULUŞ SAVAŞI'NDAN SONRAKİ KEHANETLERİ"

aylarında başladı. Her fırsattan istifade ederek, bu maddenin Türkiye aleyhine eşitsizlik yarattığını ileriye sürdü. Dünya şartları sürekli olarak değişiyordu. İtalya'nın Habeşistan'a saldırması, Hitler Almanyası'nın Ren sınırlarına ordularını sokması; Dr. Aras'ı girişimlerinde daha ilerilere götürdü.

Rus ve Romen Dışişleri Bakanları'yla görüştükten sonra İngiliz Dışişleri Bakanı Eden ile uzun bir görüşme yaptı. Onda da müsait bir eğilim gördükten sonra, Ankara'ya gelerek Başbakan İsmet İnönü ile görüştü. Daha sonra da konuyu Atatürk'e açtı...

Tevfik Rüştü Aras Atatürk ile bu konuyla ilgili görüşmesini anılarında şöyle anlatır:

O'na Başbakan ile yaptığımız konuşmaları da anlattım. O zaman Büyük Şef, bana şunları söyledi:

– "Biz böyle bir adım attıktan sonra, bir daha geri dönemeyiz. Bu yüzden çok acı akıbetler de çıkabilir. Millet o vakit senin kafanı koparır, fakat faydası olmaz. Bunun için git, tekrar düşün. Eğer en küçük bir tereddütün varsa bu girişimden bana tekrar bahsetme. Ben de seni böyle bir teklifte bulunmamış sayarım."

Yeniden Başbakan ile görüştüm. Ertesi gün yine Ebedi Şef'in yanına gittim. Bu girişimin kati zamanı olduğunu ve Başbakanımıza meseleyi tekrar açtığımı ifade ettim. O zaman bana şunları söyledi:

– "Kanaatinizin kati olduğunu şimdi gördüm. Benim görüşüme göre de Avrupa durumu böyle bir girişim için müsaittir. Git keyfiyeti Hükümete aç ve benim de muvafık olduğumu söyle. Bu işte behemal muvaffak olacağız."

Bunun üzerine Cumhuriyet Hükümeti bir nota ile alakalı devletlerin Boğazlar Anlaşması'nı tekrar incelemek için bir konferansa davet edilmesine karar verdi. İsviçre'nin Montrö Kenti'nde toplanan devletlerin temsilcileriyle yapılan anlaşma sonucunda Türkiye, Boğazlar'daki tüm haklarını geri almış ol-

"ATATÜRK'ÜN KEHANETLERİ"

du...

Böylelikle hem Atatürk'ün: *"Bu işte behemal muvaffak olacağız"* ön görüsü gerçekleşmiş oldu; hem de yıllar öncesinde henüz daha genç bir Osmanlı Subayı iken bir birahanede arkadaşlarına söylediği kehanetlerinden biri daha gerçekleşmiş oldu...

Tarih Kurultayı'ndaki iddiası...

Türk tarih ve dil çalışmalarına katılan Atatürk 1937 Eylülü'nde II. Tarih Kurultayı'nda toplantıya katıldı. Birçok yabancı bilginlerin de katıldığı bu kurultayda okunan tezlerde tarihimiz ele alınmıştır.

Kurultaya katılan İsveçli arkeolog T.J.Arne yurduna döndükten sonra "Svenska Dagbladet" Gazetesi'nde Atatürk'ün dil ve tarih teorisini çürütmeye çalışan bir makale yazmıştı.

Bu makale Türkçe'ye çevrildikten sonra Atatürk'e sunuldu. Makalede Atatürk'ün iddia ettiğinin aksine Orta Asya'da ortaya çıkan medeniyetlerin fazla uzun bir süreye ait olamayacağı iddia ediliyordu. Oysa ki Atatürk Orta Asya'nın çok geçmişlere dayanan bir tarihe sahip olduğu düşüncesindeydi. Ertesi akşam Atatürk yazıyı okudu. Biraz düşündükten sonra:

– *"Yani demek istiyor ki, Ortaasya'nın altı bomboştur!..."*

Yumruğunu masaya indirdikten sonra şöyle devam etti.

– *"Fakat emin olunuz ki arkadaşlar, günün birinde bunun tam aksini ortaya çıkaran delili yine bize onlar* (Avrupalılar) *verecektir."*

İsveçli profesörün yazısında hoşuna giden bir cümle vardı:

"Türkmen bozkırlarında M.Ö. 1500 yıllarına doğru uygarlığın aşırı derecede gerilediği tesbit edilmiştir. Sebebi bilinmeyen bu gerileme yukarıda anılan Türk göçünden sonra meydana gelmiştir."

Bu cümleyi okuduktan sonra Atatürk:

"KURTULUŞ SAVAŞI'NDAN SONRAKİ KEHANETLERİ"

– *"İşte ilk itiraf burada. Bu bozkırda Uygur Türkleri oturuyordu. Onlar göçe çıkınca uygarlık tabi geriler."*
Atatürk 1938 yılında vefat ettikten sonra II.Dünya Savaşı başladı. Yabancı dergiler Türkiye'ye çok zor ulaşıyordu. 23 Aralık 1940'da Çar Antropoloji Dergisi'nde şu haber yer almaktaydı:
1939 yılının Temmuz ayında genç Rus Arkeologları'ndan Dr. Aleksey Odlandnikov ve eşi, Orta Asya'nın tam göbeğinde Taşkent yakınındaki bir mağaradan Homo Neanderthalensist denilen tarih öncesi bir insan ırkından olan 8 yaşındaki bir erkek çocuğunun kafatasını ortaya çıkardılar. O sırada Rusya'da çalışmakta olan tanınmış Amerikalı Hrdlicka bu kafatasını ve mağarayı inceledikten sonra buluşun Antropoloji ve Orta Asya'nın tarih öncesi bakımından son derece önemli olduğunu söylemiştir. Kafatası tam 150.000 yıl öncesine ait olduğu saptanmıştır.
Atatürk'ün kehaneti bir kere daha doğru çıkmıştı... Orta Asya'nın tarihi geçmişinin yüzbinlerce yıl öncesine dayandığı yine Avrupalılar tarafından bize duyuruluyordu!...

"Bunlar bir gün olacaktır... Görürsünüz işitirsiniz..."

Prof. Dr. Afet İnan, *"Atatürk Hakkında Hatıra ve Belgeler"* adlı kitabında gelecekle ilgili olarak, onun ilginç bir hatırasını naklediyor.
Atatürk 9 Ocak 1936 Perşembe günü, Dil ve Tarih Coğrafya Fakültesi'nin açılış dersinde okuması için Afet İnan'a:
– *"Tarih belgelerinin ilerideki keşifleri buna dayanacaktır. Her tarihi kişinin söylediği sözler toplanabilecek ve böylece biz onları kendi seslerinden ve sözlerinden dinleyebileceğiz"* diyerek hazırladığı yazıyı verir.
Buna karşılık Afet İnan:
– *"Bu çok uzak bir gelecekte belki olabilecek keşfin benim*

"ATATÜRK'ÜN KEHANETLERİ"

ifadem olarak verilmesine cesaret edemeyeceğimi kendisine söylediğim zaman canı sıkıldı ve şöyle dedi:
– "Bunlar bir gün olacaktır, görürsünüz, işitirsiniz..."

30 yıl sonra...

Atatürk tarafından bu yazının verilmesinden 30 yıl sonra yine aynı ay ve günlere tesadüf eden, 1 Ocak 1966'da şöyle bir haber yayınlandı:

Venedik'in Saint Georges Adası'ndaki Benedictis Manastırı Laboratuvarları'nda, manastır rahiplerinden Pellegrino'nun yönetiminde, seslerin ayrımı esasına dayanan çok dikkate değer araştırmalar yapılmaktadır. İtalya İçişleri Bakanlığı, 1962'de başlayan bu çalışmaları kontrol etmektedir. Fakat elde edilen sonuçlar henüz açıklanmamıştır. Saint Georges Adası'ndaki bilim kurulunun geçmişe ait sesleri toplayacak, elektronik araçlar meydana getirmeye çalışmaktadırlar. Bilginler özellikle Demosten, Pitagor ve Jül Sezar'ın söylevlerinden kendi sesleri ile parçalar elde etmeye uğraşmaktadırlar.

Haberin sonunda ise daha fazla bilgi vermekten kaçınıldığı belirtiliyordu...

Fransız Genel Kurmay Başkanı hakkındaki kehaneti...

Yıl: 1938... Mustafa Kemal Atatürk'ün rahatsızlığının artıtığı Ekim ayındayız...

Atatürk'ün yıllar öncesinden bahsetmeye başladığı II. Dünya Savaşı'nın hızla yaklaşmakta olduğunu, Avrupa'nın belli başlı ülkelerini yöneten liderler hala göremiyorlardı... Bunların da başında İngiltere'nin ve Fransa'nın yöneticileri geliyordu.

O günlerde ne dönemin Başbakanı Celal Bayar, ne de hükümetin herhangi bir yetkilisinin Dış Politika'daki gelişmeler hakkında Atatürk'e bilgi verilmediği bilinmektedir. İşte o günlerde Atatürk'le görüşen Celal Bayar'ın daha sonraları kaleme

"KURTULUŞ SAVAŞI'NDAN SONRAKİ KEHANETLERİ"

aldığı anılarında ilginç satırlara rastlanır. Celal Bayar'ın Atatürk'le yaptığı bir görüşmede, Avrupa'daki gelişmeler hakkında konu açılmıştı. O sırada Atatürk yine o kendisine has düşüncelere daldığı birkaç dakikalık bir sessizlikten sonra şunları söylemeye başladı:

— *"Gemelin Fransa'nın başına büyük bir bela getirecektir. Çünkü idareye memur olduğu vaziyeti göremiyor. Karşısındaki vaziyeti göremeyen bir Erkanı Harp* (Genelkurmay Başkanı) *memleketine mutlaka bela getirir. Böyle adamlar Fransa'nın başında kaldıkça, bu memleketin nasibi belaya uğramaktır..."*

Gemel'in (1872-1958) Atatürk'ün bu sözlerinden kısa bir süre sonra Ulusal Savunma Kurmayı Başkanlığı'na atandı...

2 yıl sonra...

II. Dünya Savaşı'nın başlamasından sonra, Batı'daki Müttefik Kuvvetler'in Komutanlığı görevini üstlendi.

Almanlar'ın Mayıs 1940'da Fransa'ya karşı başlattıkları saldırıyı durduramadı. Fransa'nın aynı yılın Haziran ayında büyük bir bozguna uğramasına yol açtı. Hazırlıksız yakalandığı bu saldırılar sonucunda, Müttefik Kuvvetler'in ikiye bölünmesine neden oldu. 19 Mayıs 1940'da görevden alındı. Daha sonra Rion'da mahkeme önüne çıkartıldı. Savaş sonuna kadar hapiste kaldı...

Atatürk bir kez daha haklı çıkmıştı. Ancak ne yazık ki, bu konuda haklı çıktığını göremedi. Fakat O, haklı çıkacağından zaten hiç bir zaman şüphe de duymamıştı... Gemelin'in iki yıl sonra yapacağı hataları önceden görebilmiş ve ülkesinin başına büyük bir felaket getireceğini önceden söyleyebilmiştir...

Bu Atatürk'ün son kehanetlerinden biridir...

V. BÖLÜM

AÇIKLANAMAYAN GARİP OLAYLAR

**Atatürk'ün,
Garip bir şekilde atlattığı ölüm tehlikeleri...**

Yer: Çanakkale...
İngilizler Çanakkale'de Anafartalar grubunu mağlup edip de cepheyi sökemeyince yeni bir harekete giriştiler. Cepheyi sağdan çevirmek istediler. Düşmanın planını bozmak için Kireç Tepe'yi tutmak lazımdı. Ancak oraya giden tek bir dar yol, harp gemileri tarafından makaslama ateş altında tutuluyordu. Her an 38'lik gülleler korkunç patlayışlarla ortalığı alt üst ediyordu. Bir insanın değil, kuşun bile geçmesine imkan yoktu...

Kireç Tepe'yi tutmak emrini alan askerler, bulundukları yerden çıkmakta tereddüt içindeydiler. Fırsat gözlüyorlardı... Fakat düşmanın ateşi bir an bile kesilmiyordu. Atatürk bu hali görünce siperlere koştu. Askerlerin arasına karıştı ve sordu:

— " Niçin geçemiyorsunuz?"

İçlerinden biri cevap erdi. "Düşman ölüm saçıyor, geçilemez."

Bunun üzerine Mustafa Kemal zerre kadar korku ve tereddüt göstermeden:

"ATATÜRK'ÜN KEHANETLERİ"

— *"Oradan böyle geçilir..."* dedi ve ileri fırladı.

Askerler durur mu, onlar da Kumandanları'nın arkasından ileri atıldılar. Toz duman ve ölüm kasırgasını yaran askerler karşıya vardılar ve tepeyi tuttular. Mustafa Kemal'in ve yanındaki askerlerin vurulmadan o dar geçitten nasıl geçtikleri hiç bir zaman anlaşılamamıştır....

Sevgili okuyucular bu sadece bir kahramanlık öyküsü değildir. Bu kahramanlığın ötesinde büyük bir mucizedir... Ve normal şartlarda açıklanması mümkün değildir...

Yer: Erzincan

Sivas kongresini toplamak üzere Erzurum'dan Sivas'a giderken, Erzincan Boğazı ağzında otomobilini durduran jandarmaların başındaki subay: *"Dersim Kürtleri boğazı tutmuşlar.Tehlike var geçilemez. Bunları atabilmek için merkezden kuvvet istedik. Gelince kadar Erzincan'da beklerseniz iyi olur"* dedi.

Mustafa Kemal geri döndüğü takdirde, milli mücadelenin yönünü tesbit etmek gibi çok önemli ve esaslı bir görev için toplanacak Sivas Kongresi'ne katılmak için oraya gelerek kendisini bekleyen üyelerin ve henüz duruma şüpheli nazarlarla bakan birçoklarının da, korkaklığa düşebileceklerini, böylelikle her şeyin daha başlarken alt üst olması ihtimalini düşünerek şöyle der:

— *" Hayır dönmeyeceğiz... Ne pahasına olursa olsun, yolumuza devam edeceğiz."*

Daha sonra yanındaki arkadaşlarına dönerek:

— *"Süratle gidilecek. Vurulan, ölen olursa onunla meşgul olunmayacak. Yolda ancak tam şose üzerinde ve yakınında yolu kapayan eşkiya ile karşılışılınırsa hep beraber otomobillerden atlayarak hücum edip yolu açacağız. Kurtulanlar yola devam edecekler."*

Emrini verdikten sonra otomobilini boğaza doğru sürdü. Ve tüm heyet Sivas'a ulaştı. Yolda isyancılarla karşılaşılmadı.

"AÇIKLANAMAYAN GARİP OLAYLAR"

O zaman ve hatta daha sonraları da, onun bu hareketini çılgınca bir cesaret sayanlar oldu. Ancak O'nun "Üstün Sezme Gücünü" hiç kimse bilmiyordu. Zaten böyle bir yeteneği olmayan birisinin yapacağı işler de değildi bunlar...

Sevgili okuyucular, Kurtuluş Savaşı gerçekten de öylesine zor şartlar altında kazanılmıştır ki... Bunu anlatmaya kitaplar yetmez. Birbirinden zor kararların bir an önce verilmesi gerektiği ve bu arada yapılacak en küçük hatanın büyük bir bozgunu hatta yenilgiyi getireceği günlerdi. Ve şu kesin olarak ortaya çıkmıştır ki, normal şartlarda gerçekleştirilmesi imkansız işlerdi.

Normal yollarla açıklanamayan bazı sıradışı yetenekler ve sıradışı olaylar devreye girmeseydi bütün bu işlerin gerçekleştirilip gerçekleştirilemeyeceğinin yorumunu okuyucularıma bırakıyorum.

Efsunlu Kemal...

Mustafa Kemal yönettiği savaşlarda cephenin ateş altında sık sık dururdu. Siperleri dolaşarak hatta bazen öne çıkarak askerlerin moralini yükseltmeye çalışır, tüm gelişmeleri yakından takip ederdi.

Atatürk'ü karalayan bir yazar olarak bir hayli eleştirilen ve bir zamanlar kitabı Türkiye'de yasaklanan H.C. Armstrong bile *"Bozkurt"* adlı kitabında Mustafa Kemal'in mucizevi bir şekilde vurulamadığından bahseder:

Bir keresinde yeni kazılmış bir siperin dışında duruyordu. Avcılarımızın yoğun ateşi altındaydı. Bir İngiliz Bataryası da o sipere ateş açtı. Toplar menzili ve hedefi buldukça şarapneller gitgide daha yakınlarına düşmeye başladı. Vurulması matematiksel olarak kesindi. Kurmayları sipere girmesi için yalvarmaya başladılar. Dürbünle görüyorduk. Fakat o sigara yakıp gayet sakin bir şekilde sigara içmeye başladı. Ne yakınında patlayan şarapneller, ne de yoğun avcı ateşi Mustafa Kemal'e bir şey olmuyordu. Çünkü O'nu vuramıyor-

"ATATÜRK'ÜN KEHANETLERİ"

duk.

O, zaman zaman eline bir tüfek alıp yoğun ateş altında, siperden dışarı çıkıyor, Avustralya siperlerine dikkatli, telaşsız ve isabetli atışlar yapıyordu. Bu kısa menzilde bile avcılarımız onu vurmayı başaramıyorlardı. Vurulmuyordu... Onu vuramıyorduk...

Bu inanılmaz gerçeği büyük bir şaşkınlıkla kaleme alan Armstrong, sonra şöyle devam ediyor:

... Sonra duyduk ki, Mehmetçik adı verilen Türk Neferleri bu inanılmaz olayı gördükten sonra Mustafa Kemal'e bir isim takmışlar: "Efsunlu Kemal..." Bu isim askerlerimizin moralini bozmuştu. Gelip soruyorlardı:

– "Karşıdaki Türk Birliği'nin komutanı kim? O mu?"
– "Hayır... Hayır..." diyorduk,
– "O değil, O burada değil, sakin olun..."

Çanekkeli Savaşı sırasında meydana gelen bir takım sıradışı-garip olaylar daha sonra dünya kamuoyunda da geniş yankılara sebebiyet vermişti... Söz konusu olaylar, bu fotoğrafın çekildiği günlere rastlar...

"AÇIKLANAMAYAN GARİP OLAYLAR"

Hayatını kurtaran mucizevi saat...

Tarihteki ünlü birçok liderin hayatlarında çok önemli olaylar vardır. Bunların başında ölümle burun buruna gelmeleri ve mucizevi bir olayla kurtulmaları gelir. **Sanki onları görünmeyen bir güç, görünmeyen bir el korumaktadır...** Atatürk'ün de başından böylesine olaylar geçtiği bilinmektedir. Bunların bir kısmını yukarıda sizlerle aktardım. Ancak aktarmak istediğim ve tarihe geçen bir başka olay daha var:

Çanakkale Savaşları sırasında düşman ordularının hücumlarına karşı Conkbayırı ve Kocatepe'de yaptığı savunmalarla düşmanı durduran ve sonra onları mağlup etmeye başlayan Mustafa Kemal İstanbul'un düşmesini engellemiş oluyordu...

Savaşın en kızgın olduğu günlerden birinde Mustafa Kemal yanında bulunan Yaveri ve yakın arkadaşı Nuri Conker'e emirlerini verirken, bu sırada patlayan bir mermi parçası onun kalbinin üzerine isabet eder...

Nuri Conker: *"Eyvah vuruldunuz Paşam!..."* diye bağırınca, Mustafa Kemal hemen: *"Öyle bir şey yok, aldığınız emri derhal yerine getiriniz"* der.

Aslında Nuri Conker'in gördüğü doğruydu. Bir mermi parçası O'nun tam kalbinin üzerine çarpmış fakat büyük bir mucize eseri cebindeki saate rastlamıştı. Birkaç santim sola ya da sağa isabet etse Mustafa Kemal'in kurtulabilmesi mümkün olamayacaktı. Fakat saat parçalanmış, Mustafa Kemal'in hayatı ise kurtulmuştu...

Mustafa Kemal'in olağanüstü yetenekleri sayesinde Kurtuluş Savaşı'nın kazanıldığı hatırlanacak olursa, O'nun olmadığı bir savaşın kazanılması hemen hemen imkansız gibi bir şeydi. Yani bir saat bir insanı, bir insan da bir vatanı kurtarıyor... Bütün bunları sadece basit bir tesadüfle açıklanabilecek şeyler midir...

"ATATÜRK'ÜN KEHANETLERİ"

Hala cevaplanamayan Çanakkale'deki büyük sır!...

Şimdi yeri gelmişken direkt olarak Atatürk ile ilgili olmayan ancak Kurtuluş Savaşı sırasında meydana gelen sıradışı bir olayı burada aktarmayı zaruri görüyorum. Bunun da yorumunu size bırakacağım. (*)

Yer: Yine Çanakkale...
Çanakkale Savaşı insanlık tarihinin kaydettiği en büyük savaşlardan biridir. 8,5 ay boyunca Boğazın iki yakası adeta bir yeryüzü cehennemine dönüşmüştü. Bu savaşta yarım milyondan fazla asker hayatını kaybetti.
Sadece İngiliz ordusunun kaybı 34.000 askerdi. Bu gün bunların 27.000'inin mezarı vardır. Yani kaybolan İngiliz askerlerinin sayısı 7000 civarındadır. Fakat savaş bittikten sonra hepsi değil, özellikle 267'si arandı durdu...

Tarih: 10 Ağustos 1915
Yer: Çanakkale
Olaya Şahit Olanlar: Yeni Zellandalı Askerler
Olayı Rapor Edenler: İstihkam Eri Künye No: 4/165 F. Reichard, İstihkam Eri Künye No: 13/416 R. Nevnes ve Künye Numarası verilmeyen İstihkam Eri J.L. Newman
Olayın Alındığı Yer: "Rätselhafte Phänomene" Dergisi Sayı: 64

İngilizler askeri tarihlerinin en büyük yenilgilerinden birine adım adım yaklaşıyorlardı... İngiliz komutanı Sir Hamilton, korkunç bir yenilgiye uğrayacağını sezmiş, savaşı kazanmanın tek şansını, taze kuvvetlerle birlikte yapılacak büyük bir saldırıda görmüştür.

Kraliyet Norfolk Alayı, taze kuvvetlerin bir parçası olarak 29 Temmuz 1915'de İngiltere'de gemilere bindirildiler. Ve Çanakkaleye doğru yola çıktılar. Savaşta her şey olabilirdi ama Norfolklular,

---

(*) Bu bölüm SINIR ÖTESİ YAYINLARI'ndan çıkmış olan Ergun Candan & Yasemin Candan'ın kaleme aldığı "Şahitler ve Belgelerle Türkiye'de YAŞANMIŞ ESRARENGİZ OLAYLAR" adlı kiptan alınmıştır. Sy: 41-45.

"AÇIKLANAMAYAN GARİP OLAYLAR"

Çanakkale'de başlarına gelecek olayı asla düşünemezlerdi...
 Sir Hamilton, Tekke ve Kavaktepeleri'ne bir gece karanlığında ani ve hızlı bir saldırı yapmayı planlamıştı. Bu iş için 12 Ağustos gecesi 54. Tümen ilerlemeye başladı. İçlerinde Norfolklular'ın Tugayı da bulunuyordu. Tepelerin yamacına kadar gelecekler ve şafak sökerken saldırmak üzere hazırlanacaklardı. Fakat, gece yürüyüşünün yapılacağı Küçük Anafartalar Ovası denilen yerde, Türk askerlerinin pusuya yattığı zannediliyordu. Bu yüzden Norfolklular'ın bir Tümeni önden giderek yolu açmak amacıyla, 12 Ağustos öğleden sonra harekete geçti.

Bu öncü Tümen'in ilerleyişi, tam bir bozgunla sonuçlandı. Gelibolu Savaş'ında İngilizler'in gösterdiği şaşkınlık ve beceriksizliğin tipik bir örneğini verdiler. Öğleden sonra, saat 4'de topçu desteği başlayacaktı ama 45 dakikalık bir gecikme oldu. Haberleşme hatası yüzünden gecikmeyi öğrenemeyen topçu desteği gereksiz yere, saatinden önce ateşe başladı ve boşuna ateş gücünü harcadı.

Savaş alanı hiç incelenmemişti. İngiliz komutanlarının, arazi hakkında bilgileri yoktu. Hedefleri hakkında tam bir karara varamamışlardı. Haritaların çoğu son anda çalakalem çizilmişti ve yarımadanın diğer tarafını gösteriyordu. Ayrıca Türk kuvvetlerinin gücünden de habersizdiler.

163. Tümen, gün ışığında çıplak ovayı geçmeye çalışmanın bariz bir hata olduğunu anladığında, ancak 900 metre kadar ilerleyebilmişti. 4. Norfolk Taburu onların gerisindeydi. Türkler'in direnci, İngilizler'in tahmin ettiğinden çok daha büyüktü. İngiliz Tümeni'nin büyük bir kısmı yoğun makinalı tüfek atışı altında kaldığı için, olduğu yerde çakılmıştı. Ancak sağ tarafta yer alan 5. Norfolk Taburu daha az bir mukavemetle karşılaştığından ilerlemeye devam etti.

Esrarengiz Bulutun İçine Doğru...
İşte, tam bu sırada, 22 kişilik Yeni Zelanda sahra birliğinin gözleri önünde, Norfolk Alayı'nın 4. Taburu'na bağlı askerler, karşılarındaki tepeye doğru yürümeye başladılar. Tepenin üzeri, ekmek somunu şeklinde beyaz bir bulutla kaplıydı. İngiliz askerleri, yavaş yavaş tepeye yaklaştılar ve bulutun içinde gözden kayboldular. Bulut yüzünden askerler görülmüyordu. Son asker de bulutun içine girdikten sonra, beyaz bulut yavaşça havalanmaya başladı ve rüzgarın

"ATATÜRK'ÜN KEHANETLERİ"

aksi yönüne doğru hareket etti. Bulutun hareket etmesiyle birlikte tepenin üstü de, görüş alanına açılmıştı. Ama 4. Norfolk Taburu'ndan hiç bir asker tepede görünmüyordu!...

Komutan Hamilton, İngiliz Savaş Bakanı Lord Kitchener'e gönderdiği telgrafta, olayı şöyle anlattı:

"Savaş sırasında, 163. Tümen her bakımdan üstün olduğu bir anda, çok garip bir şey meydana geldi... Türkler'in zayıflamakta olan kuvvetlerine karşı, Albay Sir H. Beauchamp, cesur ve kendinden emin bir subay olarak büyük bir gayretle, hızla ilerledi ve savaşın en önemli kısmı böyle başladı. Mücadele iyice kızışmış ve iyice karışmıştı. Albay, 16 subayı ve 250 askeriyle önüne düşmanı katmış, hızla ilerlemesine devam ediyordu... Daha sonra bunlardan hiç bir haber alınamadı. Ormanlık bölgeye hücum ettikten sonra gözden kayboldular ve sesleri de duyulmadı. İçlerinden hiç biri geri dönmedi."

267 kişi hiç bir iz bırakmadan kaybolup gitmişti...

Savaş sonunda bu Tabur kayıp ilan edildi. 1918 yılında Anadolu işgal edildiğinde, İngiltere'nin ilk talebi, bu Tabur'un iadesi olmuştu. Buna karşılık Türkler böyle bir Tabur'un varlığından haberder olmadıklarını bildirmişlerdi.

Bu Olayın Sonunda Yenilgi Kaçınılmaz Oldu

O gün, öğleden sonra başlayan ilerleyişin başarısızlıkla sonuçlanması, Sir Hamilton'ın savaşı kendi lehine döndürme ümidini de yok etmişti. Böylece, 1915 yılı sonunda Müttefik Kuvvetler, geri çekilerek, büyük bir yenilgiye uğradılar. Gelibolu Savaşı, 8,5 ay sürdü ve 46.000 askerin ölümüyle sonuçlandı. O zamanın savaşları için, bu korkunç bir rakamdı...

50 yıl sonra...

Çanakkale Savaşı'nın bitmesinden 50 yıl sonra, olayın görgü tanıklarından üç Yeni Zelandalı asker ortaya çıktılar ve çok önemli bir açıklama yapmak istediklerini bildirdiler:

"Aşağıda anlatılanlar, 12 Ağustos 1915 tarihinde meydana gelmiş garip bir olayın dökümüdür..." sözleriyle başlayan bir rapor sundular. Raporda bu garip olayın ayrıntıları, tüm açıklığıyla anlatılmıştı. Raporlarını: "...Olayın 50. yılında, geç de olsa, aşağıda im-

"AÇIKLANAMAYAN GARİP OLAYLAR"

zası olan bizler, anlattığımız bu olayın kelimesi kelimesine doğru olduğunu beyan ederiz" sözleriyle bitiriyorlardı...

Olaya Dünya Basını'nda Geniş Bir Şekilde Yer Verildi

Bu savaşta hayatta kalanlar, yaşadıklarını hiç bir zaman unutmadılar. Hatıralarını gelecek kuşaklara anlattılar. Savaşın tarihi yazıldı. Ölenlerin, yaralıların, kaybolanların sayısı tespit edildi.

Şimdi o yılları yaşayan çok az sayıda insan kaldı...

O yıllarla ilgili unutulmayan pekçok şey oldu... Fakat tek bir şey, özellikle unutulmadı. O da, Norfolk alayının garip bir şekilde kaybolan askerleriydi...

Bu olayın bir diğer enteresan yanı da, ilk olarak Yurtdışı'ndaki çeşitli basın organlarında konunun ele alınmış olmasıydı... Günümüzde hala, dünyanın çeşitli ülkelerinde birçok kitap ve dergilerinde bu olaya geniş bir şekilde yer verilmektedir. Ancak olayın üzerindeki esrar perdesi hiç bir zaman aralanamadı...

Atatürk ile ilgili olmasa da, Çanakkale Savaşı sırasında meydana gelmiş olması sebebiyle, bu esrarengiz olayı sizlere aktarma ihtiyacı hissettim...

Mustafa Kemal neden o uçağa binmek istemedi?...

Mustafa Kemal Atatürk, son Osmanlı Padişahları'ndan olan Mehmet Reşat ile Almanya'ya gitmişti. Askeri üsler gezilirken, bir askeri üsde şereflerine uçaklarla gösteriler yapılacaktı. Birinci Dünya Savaşı öncesi 1910 yıllarında uçaklar az çok gelişme göstermişti. Askeri üsde gösteri yapacak olan uçaklardan birine de Atatürk'ün binmesi kararlaştırılmıştı.

Planlanan törende zamanı gelince Atatürk, uçağa doğru ilerlemeye başladı...

Ancak bir anda geri dönerek uçağa binmekten vazgeçtiğini söyler. Bütün ısrarlara rağmen Atatürk fikrinden vazgeçmez. Onun yerine bir Alman subayı uçağa biner.

Uçak havalandıktan bir müddet sonra arızalanarak düşer.

"ATATÜRK'ÜN KEHANETLERİ"

İçindeki Alman subayı ölür!...
Atatürk uçağa niçin binmek istemediğini açıklamamıştır. O sadece içindeki sese her zaman olduğu gibi kulakvermiş ve mutlak bir ölümden dönmüştür.
Konu uçaklardan açılınca O'nun uçaklarla ilgili bir kehanetinden söz etmeden geçmek istemiyorum...

Uçaklarla ilgili kehaneti

Atatürk uçakların henüz daha bırakın savaşlarda kullanılmasını normal günlerde bile kullanılamadığı ve birçok kimse için ölüm kutusundan başka bir şey olmayan günlerde, Fransa'da Abidin Daver'e söylediği uçaklarla ilgili şöyle demiştir:
– *"Teyyareler gün gelecek savaşlarda önemli roller oynayacaktır."*
Atatürk'ün bu sözü tam anlamıyla bir kehanet niteliği taşır. Çünkü O, bu sözünü 1908 yılında söylemiştir. Abidin Daver, Atatürk'ün o yıllarda söylediği bu söze asla inanmadığını da itiraf etmiştir. Çünkü o yıllarda uçakların savaşlarda kullanılabilmesin hiç kimse ihtimal bile vermiyordu. Hatta akıllara bile gelmiyordu. Ancak O'nun nice inanılmayacak gibi görünen "Ön Görü"leri bu sefer de gerçekleşmiştir.

Yaşamındaki 9 rakamının sırrı neydi?...

Mustafa Kemal Atatürk'ün hayatında kehanetlerinin yanısıra 9 rakamının kendisine özgü bir yeri olmuştur. Bu esrarengiz 9 rakamı onun doğumundan başlayıp ölümüne kadar geçen süre içinde kendisini hiç yalnız bırakmamıştır.
Üstünde çok konuşulmuş olmasına rağmen bu konunun ardındaki gizem günümüzde hala çözülememiştir...
İşte Atatürk'ün yaşımındaki 9 rakamları...

"AÇIKLANAMAYAN GARİP OLAYLAR"

19. Yüzyıl'da doğmuştur.

Doğum tarihi olan 1881 yılı da 9 ve 9'un katlarıyla ilgili bir rakamdır: 18' in içinde 2 adet 9'un toplamı, 81'in içinde ise 2 adet 9'un çarpımı vardır. Ayrıca 1+8+8+1=18 eder ki tekrar 1+8'i toplarsak yine 9 rakamıyla karşılaşırız.

1899 yılında Atatürk İstanbul'daki Harp Okulu'na girdi.

29 Aralık 1903'de Kurmay Yüzbaşı oldu.

19 Aralık 1904'de Hürriyet perver fikirlerinden dolayı Yıldız'da sorguya çekildi.

22.9.1909 tarihinde İttihat ve Terakki'nin yıllık toplantısına Trablusgarp delegesi olarak katıldı.

9 Ocak 1912 tarihinde Trablusgarp'da İtalyanlar'ı bozguna uğrattı.

19 Mayıs 1915'de Albaylığa yükseldi.

8-9 Ağustos 1915'de Anafartalar grubu komutanı oldu. Emrindeki 19 Tümeniyle Çanakkale Savaşların'na girdi.

29 Ekim 1918'de Yıldırım Orduları Komutanı Limon Von Sanders'in yerine atandı.

9. Ordu Komutanı olarak Erzurum'a tayin edildi.

19 Mayıs 1919'da Vatan'ı kurtarmak için Samsun'a çıktı. Yanında 18 kişi vardı. Kendisiyle beraber 19'u buluyorlardı...

8'i 9'a bağlayan 1919 Temmuzu'nda askerlikten istifa etti.

9 Temmuz 1919 gecesi Erzurum Kongresi'ni açtı.

19 Ekim 1919 Erzurum Milletvekilliğinin adaylığını kabul etti.

19 Eylül 1921'de TBMM kendisine Gazi ünvanını verdi.

9 Eylül 1922'de Başkomutan olarak yönettiği ordular ülkeyi düşmandan temizledi ve İzmir'i kurtardı.

29 Ocak 1923 tarihinde İzmir'de Uşaklıgiller'in kızı Latife hanımla evlendi.

9 Ağustos 1923'de Cumhuriyet Halk Fırkası'nı kurdu.

9 Ekim 1923'de kendisinin önerisiyle Ankara Başkent oldu.

29 Ekim 1923'de Cumhuriyet ilan edildi.

29 Ekim 1923 gecesi Türkiye'nin ilk Cumhurbaşkanı oldu.

9 Nisan 1928'de Laiklik ilkesini Anayasa'ya ilave etti.

9 Ağustos 1928'de İstanbul Saraybunun'da Latin harflerinin ka-

"ATATÜRK'ÜN KEHANETLERİ"

bulünü milletine müjdeledi.

10 Kasım 1938'de Saat: 9'u 5 geçe Dolmabahçe Sarayı'nda bu dünyadan ayrıldı.

19 Kasım 1938'de cenaze namazı Dolmabahçe Sarayı'nın tören salonunda kılındı.

Nüfus cüzdan numarası 993814-B'dir. Ortadaki 938 ölüm tarihini, geriye kalan baştaki 9 ve sondaki 14 rakamı ise ölüm saatini (9dakikalık farkla) vermesi bakımından oldukça düşündürücüdür.

Düşündürücü olan bir başka gelişme de bu kitabın basılması sırasında yaşanmıştır!... Kitabın Ankara'dan gelen ISBN numarası 9 rakamıyla başlamış ve 9 rakamıyla bitmiştir!...

Uzmanların açıklamaları...

Ünlü psikolog C.G.Jung bu tür anlamlı tesadüflere hayatı boyunca ilgi duymuş ve sürekli olarak bu meseleyi araştırmıştır. Jung bu konuyla ilgili elde ettiği sonuçları şöyle özetler:

1- Anlamlı tesadüfler, nedensel bir açıklamadan yoksundur.

2- Anlamlı tesadüfler, arşetipik bir temele dayanır.

3- Anlamlı tesadüfler, şans eseri meydana gelmesi imkansız olan ve anlamlı bir şekilde bağlandırılabilen rastlantılardır.

4- Anlamlı tesadüfler, çoğunlukla yaşantımızın bazı önemli günlerinde ortaya çıkar.

Günümüzde Parapsikoloji'nin de ilginç bir araştırma konusu olan bu anlamlı tesadüfler, sanki görünmeyen bir şeyin habercisi gibidirler. Adeta görünmeyen bir gücün mesajını taşımaktadırlar...

Atatürk ile ilgili söyleyecek olursak; belki de O'nu tüm yaşamı boyunca yalnız bırakmayan "İlahi Güçler"in kendilerini hissettirdekileri birer mesajıdır diyebiliriz... Zaten kendisinin çevresinde dönen öyle olaylar olmuştur ki, O'nun gerçek anlamda görünmeyen güçler tarafından korunduğu ve kollandığı rahatlıkla söylenebilir... Bunların büyük bir kısmını bu kitapta sizlere aktarmaya çalıştım...

"AÇIKLANAMAYAN GARİP OLAYLAR"
Atatürk ve Haberci Rüyalar...

Atatürk'ün sıradışı yönlerinden biri de rüyalarıdır... Parapsikoloji'de *"Haberci Rüyalar"* adı verilen ve gelecekle ilgili bilgiler içeren Atatürk'ün çeşitli rüyalar gördüğü tarihi kayıtlara geçmiştir. Kitabımın önceki bölümlerinde bu konuyla ilgili bazı örnekler vermiştim... Şimdi de daha önce üzerinde duramadığımız *"Atatürk'ün Haberci Rüyaları"* ile ilgili birkaç örnek vermek istiyorum...

Annesinin ölümüyle ilgili gördüğü rüya...

Latife hanım İzmir'de Uşşakizadeler'in köşkünde kalıyordu. Hastalığına iyi gelsin diye Zübeyde hanım İstanbul'dan oraya gitmişti. Ancak ne varki, rahatsızlığı artan Zübeyde hanım Uşşakizadeler'in evinde oğluna hasret vefat eder. Latife hanım ve Yaveri Salih Bey; Paşa'ya annesinin ölümünü nasıl bildireceklerini kara kara düşünmekteydiler. Çünkü O'nun dünyada en sevdiği insan olan annesinin ölümünden büyük bir üzüntü duyacağını bilmekteydiler...

Annesinin ölümünden habersiz olan Mustafa Kemal, aynı saatlerde trenle çıktığı Yurt gezisinde uyumaktaydı. Gecenin ilerleyen saatlerinde gördüğü kabus gibi rüya yüzünden kan ter içinde uyanır... Bir sigara yakar ve zile basarak kompartımanındaki hizmetine bakan Ali Çavuş'u çağırıp:

– *"Gördüğüm rüya canımı sıktı..."* der.

Ali Çavuş: *"Hayırdır Paşam"* deyince Atatürk de rüyasını anlatır:

– *"Pek hayır olacağa benzemiyor... Kırlık bir yerdeymişiz. Her taraf yeşillik. Birden bire bir sel geliyor, annemi alıp götürüyor. Endişe ediyorum. Yaverlere söyle, İzmir'e telgraf çekip annemin sağlık durumunu sorsunlar..."*

"ATATÜRK'ÜN KEHANETLERİ"

... Ve acı haber, kısa bir süre sonra Yaver Salih'in yolladığı şifreli telgraf ile gelir. Atatürk telgrafın şifreli olduğunu derhal anlayarak:
– *"Annem öldü değil mi?"*
Ali Çavuş üzgün bir şekilde telgrafı uzatır:
– *"Başınız sağ olsun Paşam."*
Gözleri yaşla dolan Atatürk:
"Bana malum oldu... Bana malum oldu... Bunun kabusunu gördüm ben... Anam... Zavallı çilekeş anam... Benim anam öldü başka analar sağ olsun..." diyerek koltuğuna çöker.

Ne yazık ki annesinin cenaze törenine katılamaz ve Yurt gezisini kesmeden, içi kan ağlayarak Vatan hizmeti için yoluna devam eder...

Salih Bozok'un intihar edeceğini rüyasında gördü...

Yaverliğini yapan Salih Bozok O'nun uzun yıllar yanında kaldı. En büyük sırdaşlarından da biri oldu... Aradan geçen bu süre içinde çok şeyler paylaştılar... Hatta rüyalarını bile...
Atatürk'ün Salih Bozok'a anlattığı bir rüya da, oldukça düşündürücüdür...

"Büyük bir otelin salonunda oturuyormuşuz. Yanımda sen de varmışsın. Salonun bir köşesinde bilardo masası varmış. Masanın başında, arkası bize dönük olan bir zat oturuyor. Tam bu sırada odanın kapısı açıldı ve iri yarı 30 kadar adam içeri girdiler. Bunlardan biri eline bilardo masasından bir ıstaka alarak masanın önünde oturan benim teşhis edemediğim zatın omuzuna bütün kuvvetiyle indirmeye başladı. Omzu vurulan zat ayağa kalkarak, kendini müdafa etmekte ve 'bana niye vuruyorsun' diye hiddetle haykırmaktayken, Salih bana gözücu ile ne yapmak lazım gibisinden baktın.

"AÇIKLANAMAYAN GARİP OLAYLAR"

Ben sana sakın kıpırdama manasına gelen bir işaretle sükunete davet ettim. Bu sırada eli ıstakalı adam, bize doğru yaklaşarak karşımızda tehditkar bir vaziyet aldı. Bu sefer Salih sen yine müdahale etmek istedin. Ben sana sus işareti verdikten sonra, o azılı adama dönerek 'Sen kimsin ne istiyorsun?' diye sordum. Fakat adam bu suale cevap vereceği yerde, cebinden bir tabanca çıkartarak iki kurşun sıktı. Biri bana, öteki de sana. Sonra adam bize 'Kalkın dansedelim' emrini verdi. İkimiz de kalkıp onun huzurunda dans ettik."

Bilindiği gibi Atatürk'ün ölümünden sonra Salih Bozok tabancasıyla intihar etmiş ancak kurtarılmıştır.

Atatürk'ün gördüğü son rüya

26 Eylül 1938 tarihinde Atatürk, rahatsızlığı ile ilgili olarak ilk defa hafif bir koma atlatmıştı. Prof. Afet İnan, olayı şöyle anlatıyor:

O geceyi rahatsız geçirdi. İlk hafif komayı o zaman atlatmıştı. Ertesi sabahki açıklamasında: *'Demek ölüm böyle olacak'* diyerek uzun bir rüya gördüğünü anlattı. *'Salih'e söyle, ikimiz de kuyuya düştük, fakat o kurtuldu' dedi.'*

Atatürk'ün, burada *"kuyuya düşme"* sembolü ile gördüğü rüya vizyonu, kendisinin de söylediği gibi ölümünün habercisiydi.

Salih Bozok'un kuyudan kurtulması ise, Atatürk'ün vefat etti gün, buna çok üzülen Salih Bozok'un intihar etmesi ve sonunda kurtarılmasını simgeliyordu...

Bu, Atatürk'ün gerçekleşen son rüyasıydı...

SON SÖZ

O, meşhur sözünde şöyle diyordu:
— *"Benim naçiz vücudum bir gün elbet toprak olacaktır. Fakat Türkiye Cumhuriyeti ilelebed payidar kalacaktır. Türk Milleti'nin emniyet ve saadetini garanti eden prensiplerle medeniyet yolunda tereddütsüz yürüyecektir."*
Geleceği önceden görebilme gücü sayesinde Türkiye Cumhuriyeti'nin sonsuza dek yaşayacağını söylemiştir. Fakat zaman içerisinde çeşitli tehlikeler ile karşılaşılacağını ve bu tehlikelerin üstesinden de Türk Ordusu'nun geleceğini, Cumhuriyetimiz'in 15. yıldönümü nedeniyle yayınladığı mesajında bildirmiştir.

Onun bu kehaneti de ilk olarak 27 Mayıs 1960'da gerçekleşmiştir.

Mesajında Atatürk şöyle diyordu:
— *"Zaferleri ve mazisi insanlık tarihiyle başlayan, her zaman zaferlerle beraber medeniyet nurlarını taşıyan kahraman Türk Ordusu... Memleketin en buhranlı ve müşkül anlarında zulümden, felaketten ve musibetlerden ve düşman istilasından nasıl korumuş ve kurtarmış isen, Cumhuriyet'in bu günkü feyizli devrinde de askerlik tekniğinin bütün modern silah ve vasıtalarıyla mücehhez olduğun halde, vazifeni aynı bağlılıkla yapacağından hiç şüphem yoktur. Bu gün Cumhuriyet'in 15'inci yılını mütemadiyen artan büyük bir refah ve kudret*

"ATATÜRK'ÜN KEHANETLERİ"

içinde idrak eden büyük Türk Milleti'nin huzurunda kahraman ordusu, sana kalbi şükranlarımı beyan ve ifade ederken büyük ulusumuzun iftihar hislerine de tercüman oluyorum. **Türk Vatanı'nın ve Türk Camiası'nın şan şerefini, dahili ve harici her türlü tehlikelere karşı korumaktan ibaret olan vazifeni her an ifaya hazır ve amade olduğuna benim ve büyük ulusumuzun tam bir inan ve itimadımız vardır.** *Büyük ulusumuz ordusuna bahşettiği en son sistem fabrikalar ve silahlar ile bir kat daha kuvvetlenerek büyük bir feragatı nefis ve istikrar-ı hayat ile her türlü vazifeyi ifaya müheyya olduğunuza eminim. Bu kanaatla Kara, Deniz, Hava Ordularımız'ın kahraman ve tecrübeli kumandanları ile Subay ve Eratını selamlar ve takdirlerimi bütün ulus muvacehesinde beyan ederim. Cumhuriyet'in 15'inci yıldönümü bayramı hakkınızda kutlu olsun."*

O'nun gücü içinde gizliydi... Ve O'nun içindeki gizli gücü tanımadan; O'nu tam anlamıyla tanımak mümkün değildir...

Artık Vatan düşmandan temizlenmişti. Millet büyük kurtarıcıyı tanıyordu. Onu sadece milleti değil bütün dünya tanıyordu. Çökmüş Osmanlı İmparatorluğu'ndan yepyeni bir devlet meydana getirmek hiç de kolay olan bir iş değildi. Aynı zamanda olanakların en kısıtlı olduğu bir zaman ve yerde bu işi başarırken, elbetteki O'na en büyük destek yine kendisinden yani içinde gizli bulunan Parapsikolojik gücünden geliyordu... Ancak bu güne kadar, O'nun bu özelliği üzerinde hiç durulmadı... Umarız bundan sonra bu konuyla ilgili gerekli araştırmalar bilimadamlarınca gerçekleştirilmeye başlar ve kamuoyuna gerekli açıklamalar yapılır...

Şu talihsizliğe bakın!...

Milli mücadele kazanıldıktan sonra İngiliz Lortlar Kamarası olağanüstü bir toplantı yapmıştı. Bütün yabancı büyükelçi-

"SON SÖZ"

likler de bu tarihi toplantıya katıldılar. İlk defa kürsüye çıkan İşçi Partisi lideri Mac Donald: *"Hükümetten şunu sormak istiyorum... Hükümet, Anadolu'yu galip devletler arasında paylaşmak amacıyla hazineden binlerce altın aldı. İstanbul ve Boğazlar Büyük Britanya'nın olacak, İzmir Yunanlılar'a, Antalya ve Konya İtalyanlar'a, Adana ve çevresi Fransızlar'a verilecek, Doğu'da Ermenistan Devleti kurulacaktı. Ne yazık ki bunların hiçbirisi olmadı. Bu taksim planını Mustafa Kemal'in süngüleri alt üst etti. Bu konularda hükümetten açıklama bekliyorum"* dediği zaman, o sıralarda Başbakan olan Lloyd George ağır ağır kürsüye gelerek şunları söylemiştir:

— *"İnsanlık tarihi birkaç asırda ancak bir dahi yetiştiriyor. Şu talihsizliğe bakınız ki, beklenen o dahi, bu gün Türkiye'de doğmuştur. Elden ne gelebilirdi?..."*

Bu konuşmanın ardından Lloyd George Başbakanlık'tan istifa etmiştir.

Ufkun Ötesi...

Benim bu kitapta anlatmak istediğim temel nokta, O'nun yaşamı süresince gerçekleştirdiği olağünüstü başarılarının ardındaki sırlardan birini ortaya çıkartmaktan ibaretti...

Bu teorimi destekleyen en önemli kanıtlardan birini; aslında Atatürk yine bizzat kendisi şu sözüyle ifade etmiştir. Dilerseniz O'nun sözüyle de kitabımıza noktayı koyalım...

Atatürk diyor ki:

"Bir yolcunun yolda yürüyebilmesi için ufku görmesi yeterli değildir... Ufkun ötesini de görmesi gerekir..."

Başka bir söze gerek var mı...

YARARLANILAN KAYNAKLAR

Yakınlarından Hatıralar, Sel Yayınları, 1955
Atatürk'ten Hatıralar, Celal Bayar, 1955
Atatürk'ün Bana Anlattıkları, Fatih Rıfkı Atay, Cumhuriyet Yayınları
Fıkra, Nükte ve Çizgilerle Atatürk, Yeni Tarih Dünyası Özel Sayısı, 1-2-3 Cilt, 1954
Ataürk'ün Hususiyetleri, Kılıç Ali, Cumhuriyet Yayınları
Anafartalar Muharebeleri'ne Ait Hatıralar, Türk Tarih Kurumu Başsekreteri Uluğ İğdemir tarafından yazılmıştır, Cumhuriyet Yayınları
Kurtuluş Savaşı'nda Alevi ve Bektaşiler, Baki Öz, Cumhuriyet Yayınları
Atatürk'le Konuşmalar, Ergün Sarı, Der Yayınları, 1981
Bilinmeyen Dergisi Ciltleri, Karacan Yayınları, 1985
Tasauftü İnsan Meselesi, Azizüddin Nesefi, Dergah Yay.1990
Yaşanmış Esrarengiz Olaylar, Ergun Candan & Yasemin Candan, Sınır Ötesi Yayınları, 1998
Gizli Sırlar Öğretisi, Ergun Candan, Sınır Ötesi Yayınları, 1998
Atatürk'ün Sofrası, İsmet Bozdağ, Kervan Yayınları, 1975
Yarını Bilen Adam Nostradamus, Milliyet Yayınları, 1982
İsmet İnönü'nün Lozan Hatıraları, Cumhuriyet Yayınları, 1998
Atatürk'ün Yakınlarından Hatıralar, Sel Yayınları, 1955
Türkiye Gizemleri, Haluk Egemen Sarıkaya, B.Araş.Merk.,1982
İnsanlar e Mucizeler, W. Keller, Koza Yayıınları, 1975
Tanrılar'ın Tohumları, Andrew Thomas, Martı Yayınları, 1974
Atatürk Bir Çağ'ın Açılışı Prof.Dr. Sadi Irmak, İnkılap Yay., 1984
Atatürk Hayatı-İlkeleri-Derimleri, S.K. Karaalioğliu,İnkilap,1984
Atatürk'ün Otuduğu Kitaplar, İş Bankası Yayınları, 1985

SINIR ÖTESİ YAYINLARINDAN
ÇIKAN VE YAYINA
HAZIRLANMAKTA OLAN
KİTAPLARIMIZ

GİZLİ SIRLAR ÖĞRETİSİ

Kitap özgün bir çalışmadır. Yurtdışı'ndaki 200'ü aşkın bilimsel merkezle kurulan irtibatların sonucunda elde edilen bilgilere dayanır.

21. Yüzyılın Kıyameti ○ Dinlerin Açıklanmayan Gizli Sırları ○ Tarikatların İlk Ortaya Çıkışı ○ Günümüzdeki Tarikat Dejenerasyonu ○ Atatürk'ün Tarikatları Kapatış Sebepleri ○ Cennet ve Cehennem Neyi Anlatır? ○ Afrikada'ki Korkunç Sır ○ Bozkurt mu? Gök-Kurt mu? ○ İnsanlığın Gizli Kökeni ○ Adem Uzaydan mı Geldi? ○ Hallac-ı Mansur Niçin Katledildi? ○ 2000 Yıldır Saklanan Sırlar ○ Batıni ve Sufi Çalışmalarının Ortaya Çıkışı ○ İslam Ezoterizmi ○ Gizli Tarikatlar ○ Mısır Mabetleri'nde Saklanan Sırlar ○ Atlantisli Bilgeler ○ Yılan Oğulları - Tanrı Oğulları ○ Büyünün Etnolojik Gerçeği ○ Gizli Yeraltı Merkezleri ○ Dinler, Mitoslar, Sırlar...

Bu kitabın hazırlanmasında, şu anda Anıtkabir Kitaplığı'nda saklanan ve kamuoyuna açıklanmayan Atatürk'ün Dinler Tarihi'ne ışık tutan araştırması öncülük etmiştir.

Kitabı Hazırlayan: Ergun CANDAN   *Sayfa Adedi:* 264 III. Baskı
I. Baskı: Nisan 1998 - II. Baskı: Aralık 1998 III. Baskı: Ocak 2000

UFO
GERÇEKLERİ & YALANLARI

UFOLOJİ ile ilgili konularda, nasıl gerçeklerle yalanların birbirine karıştırıldığı, hatta bazı yerlerde kasıtlı olarak nasıl arap saçına dönüştürüldüğü, objektif bir yaklaşımla kaleme alınmıştır.

Uzay Gemisi'ndeki ameliyat ve rontgende çıkan, kafatasındaki esrarengiz cisim. FBI'ın gizli UFO raporları. Ve yıllar sonra ortaya çıkan sırlar... Vs...

Kitabı Hazırlayan: Farah Yurdözü
Sayfa Adedi: 256

Şahitler ve BelgelerleTürkiye'de
TEKRAR DOĞANLAR

Tekrardoğuş ile ilgili Türkiye'de gerçekleştirilen bu kapsamdaki ilk araştırmadır...

Tekrar doğduklarını iddia edenlerin aktardıkları inanılmaz kanıtların ele alındığı bu kitapta ayrıca "Haberci Rüyalar"la ilgili son derece önemli örnekler de bulunmaktadır. Ölüm ötesi yaşam ve Öte Alem ile ilgili son derece önemli kanıtların aktarıldığı bu kitap, Araştırmacı - Yazar Berrin Türkoğlu'nun 20 yıllık yoğun araştırmalarının ürünüdür.

Kitabı Hazırlayan: Berrin Türkoğlu
Sayfa Adedi: 176

Şahitler ve BelgelerleTürkiye'de
YAŞANMIŞ ESRARENGİZ OLAYLAR

Türkiye genelinde meydana gelen ve normal yollarla açıklanamayan olayların anlatıldığı bu kitap, bizzat yaşayanların kendi anlatımlarından oluşmuştur.

Olayların Parapsikoloji ile olan bağlantıları, açıklamalı olarak aktarılmıştır. Kitapta yer alan olayların küçük bir kısmı Kanal D'de yayınlanmış olan "SINIR ÖTESİ" programında sunulmuştur.

Türkiye'de ilk kez böyle bir araştırma yayınlanmaktadır.

Kitabı Hazırlayanlar:
Gazeteci Yasemin CANDAN & Ergun CANDAN
Sayfa Adedi: 288

II. Baskı

Bilinmeyen Yönleri ve Sırlarıyla
SON ÜÇ PEYGAMBER

Şimdiye kadar hiç bir yerde ele alınmamış ve hiç bir yerde yayınlanmamış çok özel bilgilerin aktarıldığı bu kitap; aynı zamanda "Dinler Tarihi"nin önemli bir bölümüne ışık tutacak nitelikte hazırlanmıştır.

Osiris Rahibi Hz. Musa'nın Mısır'daki piramitlerde eğitiliş, Hz. İsa'nın kozmik kökeni, Hz. Muhammed'in Kur'an-ı Kerim'i alışı ve vahiy mekanizmasının ne olduğu tüm açıklığıyla gizli tarihi belgeler ışığında kitapta aktarılmıştır...

Kitabın bir diğer özelliği de dinlerin gerçekte ne olup, ne olmadığını gözler önüne sermesidir... Dinlerin en temel kavramlarının bile yanlış anlaşıldığı bir dönemde, bu kitabın çıkartılması cesaret isteyen bir işti... Ancak birilerinin bunları aktarması gerekiyordu...

Bu bilgiler, tam 19 yıldır tarafımızdan saklanmış ve sadece belirli kişilere aktarılmıştır... 2000'li yıllarda daha fazla saklanmasının bir gereği olmadığı düşüncesiyle "SINIR ÖTESİ Okurları"yla paylaşıyoruz...

Umarız zamanı gelmiştir...

Bu kitap Gizli Sırlar Öğretisi'nin devamı niteliğindedir...

Kitabı Hazırlayan: Ergun CANDAN
Sayfa Adedi: 344

I. Baskı: Ekim 1999   II. Baskı: Aralık 1999

RUHSAL GÜÇLERİ GELİŞTİRME TEKNİKLERİ

İç potansiyal gücünüzü ortaya çıkartmaya yönelik uygulayacağınız son derece kolay bazı pratik metotlarla, yaşam içinde büyük bir etkinliğe sahip olabilir ve yaşamınızı isteğinize bağlı olarak yönlendirebilirsiniz.

Ruhsal Güçleriniz'in geliştirilmesinde, istenmeyen alışkanlıkların giderilmesinde ve iç enerjinizin artırılmasında, bu metotlar % 100 başarı sağlayacaktır...

Kitaptaki metotları uygulayarak, günlük yaşamınızda sezgilerinizin hızla arttığına şahit olacaksınız. Altıncı duyunuzu siz de geliştirebilirsiniz... Hatta belki de diğer **"Duyular Dışı Algılamaları"**nızı da... Örneğin: *Telepati, Durugörü, Duruişiti, Astral Seyahat, Telekinezi, Psikometri, İpnoz, Manyetizm, Şifacılık, Kehanet ve diğerleri...*

Streslerden ve yorgunluklardan kurtulmanın en kolay yolu olan *"Gevşeme Egzersizleri"* size büyük bir denge getirecek...

Psişik yetenekler bazı kişilerde hiç bir özel çaba göstermeden kendiliğinden ortaya çıkmaktadır. Büyük çoğunlukta ise, her an ortaya çıkmaya hazır beklemektedirler. Bu tip yetenekler geliştirilerek açığa çıkartılabilir. Fakat bunun için gerekli olan süre kişiye göre değişir. Bir kapının açılıp açılmayacağını denemeden bilemezsiniz... Sizin ruhsal dünyanızda açılmayı bekleyen kapılardan hiç değilse, en azından biri, her an açılmayı bekliyor olabilir...

Bu kitap; yurtdışındaki Parapsikoloji Merkezleri'nde uygulanan en son yeniliklerin ışığında hazırlanmıştır.

Kitabı Hazırlayan: Ergun CANDAN
Sayfa Adedi: 208

I. Baskı: Mart 1999 II. Baskı: Şubat 2000

YENİ ÇIKTI

MAYA KEHANETLERİ
2012 ve ÖTESİ

Adrian G. Gilbert & Maurice M. Cotterell

Uluslararası Bestseller olan bu eser, Mayalar'ın binlerce yıl öncesine ait takvimlerini ve bu takvimlerindeki geleceğe ait kehanatleri konu almıştır. Özellikle de 2012 ve sonrası ile ilgili dünya üzerinde gelişecek olaylara yer verilen kitapta ayrıca, astrofizik alanında Maurice Cotterel tarafından ortaya çıkartılan Güneş Lekeleri'nin ve Güneşteki patlamaların Düyamız üzerindeki etkileri bilimsel kanıtlarıyla ortaya konulmuştur. Konunun ilginç olan bir başka yönü ise, Mayalar'ın da bu bilimsel gerçeklikten haberdar olduklarıdır.

2012'de ise dünyada büyük fiziksel değişimler yaşanacağını söyleyen Mayalar, Dünya'nın daha önce geçirdiği *"Tufanlar"* dan da bahsetmektedirler. Mayalar'a göre her bir devrenin bitişinde Dünya üzerinde yaşanan büyük fiziksel değişimlerin bir benzerine daha hızla yaklaşmaktayız... Çünkü Mayalar'a göre içinde yaşamakta olduğumuz *"5. Güneş Çağı"* sona ermek üzeredir...

Adrian Gilbert'in tarihsel belgelerden hareketle kaleme aldığı kitap, Maurice Cotterell'in bilimsel bulgularıyla son derece güzel bir bütünlük sergilemiştir.

Sadece kendileri için değil, tüm insanlık için son derece hayati bilgilere sahip oldukları belli olan Mayalar'ın binlerce yıl öncesine ait gizemini bu kitapta büyük bir ilgiyle okuyacaksınız...

Sayfa Adedi: 400

TÜM KİTAPÇILARDA

SINIR ÖTESİ YAYINLARI'NDAN ÇIKAN KİTAPLARIMIZ

KIYAMET ALAMETLERİ

Yayınlamak için 2000'li yılları beklediğimiz ve SINIR ÖTESİ YAYINLARI'nın temel yapıtlarından biri olan bu kitap, *"Gizli Sırlar Öğretisi"* ve *"Son Üç Peygamber"* adlı kitaplarımızın devamı niteliğinde hazırlanmıştır.

•Kıyamet ve Tufan'ın ön belirtileri nelerdir?... •İnsanlığı nasıl bir gelecek bekliyor?... •Gittikçe yoğunlaşan Doğal afetlerin fiziksel ve mefafiziksel anlamları nedir?... •Nostradamus'tan, Edgar Cayce'ye kadar pekçok ünlü kahinin 2000'li yıllar ile ilgili söyledikleri nasıl gerçekleşiyor?... •Dinlerde sözü edilen kıyametin neresindeyiz?... •Onbinlerce yıl önce eski uygarlıkları yokeden büyük tufanın bir benzeri yeniden yaşanacak mı?... •Kozmik etkiler yeryüzünü nasıl etkiliyor?...

Beklenen büyük depremler, Atlantis'in su yüzüne yükselişi, Dünya'nın küresel ısınmasının sonuçları, Dünya'nın eksenindeki değişimler, kıtaların yer değiştirmeleri, iklimlerin değişimleri, güneş tutulmalarının yerküre üzerine olan etkisi, deniz seviyelerindeki yükselişin ürküten boyutları vs...

İşte, bu ve buna benzer daha pekçok konunun tüm açıklığıyla ele alındığı bu kitabın içindeki bilgiler; *"binlerce yıllık gizli - ezoterik bilgiler"*in ışığında ve en son elde edilen *"bilimsel verilere"* dayanılarak hazırlanmıştır.

İlgiyle okuyacağınızı düşünüyoruz...
Gerçekleri Öğrenmek Herkesin Hakkıdır...
Kitabı hazırlayan: Ergun CANDAN

1. Baskı: Ağustos 2000, 2. Baskı: Kasım 2000